Die Rechte des Spielers am Abschlag

Abschlagsfläche nutzen ☞ Der Ball muss innerhalb der Abschlagsfläche aufgesetzt und gespielt werden. Sie dürfen aber jederzeit außerhalb der Abschlagsfläche stehen und einen Ball innerhalb der Abschlagsfläche spielen. Ab und zu kann Ihnen das von Nutzen sein, wenn Sie aus taktischen oder mentalen Gründen die volle Breite eines Abschlags nutzen möch

Innerhalb spielen, bis 2 Schlägerlängen nach hinten.

Außerhalb stehen erlaubt,

außerhalb spielen nicht.

Auskunft ☞ Am Abschlag dürfen und sollten Sie sich über das zu spielende Loch informieren. Tun Sie dies anhand der Hilfsmittel wie Abschlagstafeln, Birdie- oder Scorekarten. Zu von allen Spielern normalerweise zugänglichen Informationen wie Länge eines Lochs, Lage von Hindernissen oder Ausgrenzen, Fahnenpositionen oder Lage des Grüns dürfen Sie auch Ihren Gegner oder Mitbewerber fragen. Dies gilt nicht als Belehrung im Sinne von Regel 8. Holen Sie aber keinen Rat ein! Fragen Sie nicht, wie das Loch taktisch zu spielen ist, welchen Schläger Sie verwenden sollen oder welchen Schläger andere verwendet haben. Fragen Sie nach Rat/Belehrung, erhalten Sie 2 Strafschläge, wird Ihnen Belehrung erteilt, erhält derjenige, der Ihnen diese erteilt, 2 Strafschläge.

Erleichterung ☞ Innerhalb des Abschlags dürfen Sie jederzeit (also ggf. auch bei Ihrem zweiten Schlag auf dem Abschlag) Bodenunebenheiten beseitigen – sei es an der Stelle, wo Sie Ihren Ball aufteen oder wo Sie Ihren Stand beziehen. Sie dürfen sogar Gras abknicken oder ausreißen. Auch ist es Ihnen gestattet, Sand, loses Erdreich, Grasnarben oder eingesetzte Rasenstücke zu entfernen oder niederzudrücken. Sie dürfen sämtliche losen Gegenstände, unabhängig ob natürlich oder künstlich, straflos berühren, bewegen oder entfernen. ✋ Abschlagsmarkierungen sind davon ausgenommen. ✋ Sie dürfen keine Äste abknicken, die in den Abschlag hinein ragen oder Ihren Stand oder Schwung behindern.

Provisorischen Ball spielen ☞ Sind Sie nicht sicher, ob Ihr Ball im Aus gelandet oder ob er unauffindbar ist? Oft ist dies vom Abschlag aus nicht zu entscheiden. In allen Fällen ist es besser, einen „provisorischen Ball“ zu schlagen. Schlagen Sie einen „provisorischen Ball“ auf dem Abschlag immer erst, nachdem alle anderen in Ihrem Flight auf dem betreffenden Abschlag in der Reihenfolge abgeschlagen haben und „nachdem“ Sie Ihre Absicht Ihrem Zähler oder einem Mitbewerber mitgeteilt haben. Diesen provisorischen Ball können Sie auf dem Abschlag auch wieder aufteen. ✋ Wenn Ihr Ball in einem Wasserhindernis gelandet ist, haben Sie keine Möglichkeit, einen provisorischen Ball zu spielen. 💣 Versäumen Sie es, Ihren Ball als „provisorisch“ anzukündigen, wird er nach Regel 27-1 unter Hinzurechnung von 1 Strafschlag zum „Ball im Spiel“. Ihr ursprünglicher Ball gilt als verloren.

Üben ☞ Auf oder nahe des Abschlags dürfen Sie (ohne unangemessene Verzögerung des Spiels) jeweils vor ihrem nächsten Abschlag Putten oder Chippen üben. Sie dürfen dies nicht, wenn Sie an diesem Abschlag bereits abgeschlagen haben.

DER GOLF ALBRECHT

Golf-Regeln pocket-plus

Ausgabe 2008 – 2011

Empfohlen vom

GOLF magazin

Zählspiel

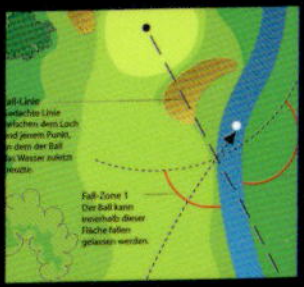
Fall-Zone 1
Der Ball kann
innerhalb dieser
Fläche fallen
gelassen werden.

KOSMOS

Checkliste vor dem Abschlag

Ball kennzeichnen ☞ Nur, wenn Sie Ihrem Zähler die Bezeichnung oder Kennzeichnung Ihres Balls mitteilen, sind beim späteren Suchen Verwechslungen auszuschließen.

Richtiger Abschlag? ☞ Vergewissern Sie sich, dass Sie auf dem richtigen Abschlag spielen. In Turnieren kann die Spielleitung Sie wegen der Witterung oder Platzarbeiten auch an ungewohnter Stelle abschlagen lassen.

Ausrüstung komplett? ☞ Prüfen Sie vor dem ersten Abschlag Ihre Ausrüstung. Genügend Bälle dabei? Tees, Ballmarker, Pitchgabel, Scorekarte, Bleistift, Handschuh? Die richtigen Spikes? Nicht mehr als 14 Schläger (nachzählen!) dürfen im Bag sein! Ist ihr Driver nach den neuen Regeln ab 2008 noch zulässig? Überzählige Schläger müssen Sie am Abschlag liegen lassen. Auf der Runde dürfen Sie sich keinen Schläger ausleihen.

Spielreihenfolge einhalten ☞ Auf dem Abschlag sollten Sie Ihren Ball erst aufsetzen, wenn Sie nach den Regeln und der Spielreihenfolge dran sind. In einem Turnier ergibt sich die Reihenfolge am ersten Abschlag aus der Aufstellung. Fehlt eine Aufstellung, so „sollte“ um die Ehre gelost werden. Oft wird in Privatrunden die Ehre dem Spieler mit dem niedrigsten Hcp erteilt. Auf der Runde hat am Abschlag der die Ehre, der im Zählspiel das beste Ergebnis oder im Lochspiel das Loch gewonnen hatte. Gibt es auf dem letzten Loch einen Gleichstand, so zählt die „Rest-Ehre“, also die Reihenfolge vom letzten Abschlag.

Abstand halten ☞ Schlagen Sie erst ab, wenn Sie sich wirklich sicher sind, dass Spieler vor Ihnen außer Reichweite sind und Sie niemanden gefährden können!

Was ist passiert? – Regelfälle und Lösungen

Abschlagsmarkierungen stören ☞ Beim ersten Schlag vom Abschlag gelten die Markierungen als befestigt und dürfen nicht bewegt werden. Erst nachdem der Ball im Spiel ist, dürfen Sie die Markierungen bewegen. Kommt Ihr Ball nach einem Schlag auf einem Abschlag zum Liegen, gelten die Abschlagsmarkierungen als Hemmnisse und dürfen straflos bewegt werden (zurücksetzen!).

Ball fällt vom Tee ☞ Fällt der Ball beim Aufsetzen auf das Tee vom Tee oder danach – ohne Schlag nach dem Ball – vom Tee, oder beim Einnehmen der Ansprechposition vom Tee, können Sie jederzeit den Ball wieder erneut straflos aufteen.

Ball im Aus ☞ Der Schlag ins Aus zählt, 1 Strafschlag kommt hinzu. Den Ball für den nächsten Schlag können Sie auf dem Abschlag aufteen. Danach schlagen Sie mit dem dritten Schlag ab.

Ball im Rough ☞ Haben Sie genau aufgepasst, wo der Ball im Rough gelandet ist? Merken Sie sich genau die Stelle, prägen Sie sich Merkmale der Stelle ein, um später besser suchen zu können und spielen Sie einen provisorischen Ball (ankündigen!).

Ball möglicherweise verloren ☞ Es ist Ihnen nicht immer zuverlässig möglich, schon am Abschlag zu entscheiden, ob Sie Ihren Ball wieder finden oder nicht. In allen Fällen ist es besser, einen „provisorischen Ball" zu spielen. Ist der ursprüngliche Ball nicht verloren, so bleibt er „Ball im Spiel".

Ball im Wasserhindernis ☞ Ist der Ball definitiv oder so gut wie sicher in einem Wasserhindernis gelandet, so scheidet ein „provisorischer Ball" aus. Verfahren Sie weiter nach Regel 26 (Wasserhindernisse).

Ball trifft Ausrüstung ☞ Wird Ihr Ball durch Sie selbst, Ihren Partner, einen Ihrer Caddies oder Ihre Ausrüstung abgelenkt oder aufgehalten, erhalten Sie 1 Strafschlag. Treffen Sie einen Mitbewerber, dessen Ausrüstung oder dessen Caddie, so ist dies Spielzufall und damit straflos. Sie müssen den Ball immer spielen, wie er liegt.

Luftschlag ☞ Machen Sie bei Ihrem ersten Schlag vom Abschlag einen Luftschlag, sind Sie mit dem Schlag an sich schon genug bestraft, er wird gezählt, aber eine Strafe kommt nicht hinzu. Aber merken Sie sich, der Ball ist jetzt „im Spiel". Sie dürfen ihn daher nicht mehr berühren. Berühren Sie den Ball nach einem erneuten Ansprechen und er bewegt sich, erhalten Sie 1 Strafschlag und müssen den Ball zurücklegen.

Spielen außer Reihenfolge ☞ Im Zählspiel ist dies straflos. Es ist aber ein Verstoß gegen die Etikette und „sollte" nicht passieren. Bemerken Sie im Zählspiel den Irrtum, dann korrigieren Sie dies nicht! Geben Sie den Ball nicht auf, um in richtiger Reihenfolge zu spielen, da sonst der ursprüngliche Ball als verloren gilt und der neue Ball mit 1 Strafschlag zum Ball im Spiel wird. Nur im Lochspiel kann der Gegner verlangen, dass der Spieler seinen Schlag wiederholen muss (Regel 10-2c).

Von falschem Abschlag oder außerhalb des Abschlags gespielt ☞ Haben Sie von einem falschen Abschlag oder von außerhalb des Abschlags einen Schlag gespielt, so erhalten Sie 2 Strafschläge. Der Schlag, sowie alle weiteren Schläge, die Sie an diesem Loch gemacht haben, zählen nicht. Sie müssen den Fehler beheben und am richtigen Abschlag innerhalb des Abschlags spielen. Ihr erneuter Schlag ist dann der 3. Schlag. Versäumen Sie es, Ihren Fehler zu beheben noch bevor Sie einen Schlag vom nächsten Abschlag spielen, sind Sie disqualifiziert.

Checkliste vor dem Schlag auf dem Fairway

Ball suchen ☞ Sie haben 5 Minuten Zeit, Ihren Ball zu finden. Danach gilt er als „verloren" und Sie müssen einen Ball mit 1 Strafschlag und Verlust der Distanz an der Stelle des letzten Schlags spielen. War dies der Abschlag, können Sie den Ball irgendwo innerhalb des Abschlags spielen und dürfen den Ball aufteen.

Ball identifizieren ☞ Das wichtigste ist, dass Sie wissen, ob es sich wirklich um Ihren Ball handelt, den Sie spielen wollen. Sie wären nicht der erste, der den Fehler erst auf dem Grün merkt! Also immer genau hinsehen und ggf. den Ball straflos nach Regel 12-2 zur Identifizierung aufnehmen. „Bevor" Sie jedoch den Ball aufnehmen, müssen Sie Ihre Absicht Ihrem Zähler oder Mitbewerber ankündigen und die Lage des Balls markieren. Sie dürfen den Ball nur zur Identifizierung erforderlichen Ausmaß reinigen! Versäumen Sie es, Ihren Ball zu markieren, erhalten Sie 1 Strafschlag. Haben Sie markiert und legen Ihren Ball nicht exakt an die ursprüngliche Stelle zurück, erhalten Sie 2 Strafschläge.

Ball spielbar? ☞ Denken Sie immer daran, dass die Regeln für Sie Vorteile bieten. Ist der Ball spielbar? Liegt der Ball oder ist Ihr Stand in „Boden in Ausbesserung"? Ist Ihr Schwung behindert?

Lage nicht beeinflussen ☞ Sie dürfen nichts tun, um die Lage des Balls zu beeinflussen, auch nicht beim Suchen oder beim Fortbewegen von losen hinderlichen Naturstoffen. Bewegt sich Ihr Ball, erhalten Sie 1 Strafschlag. Legen Sie den Ball nicht an die ursprüngliche Stelle zurück, erhalten Sie 2 Strafschläge.

Spielreihenfolge einhalten ☞ Der am weitesten vom Loch entfernte Ball ist zuerst zu spielen. Stimmen Sie sich deutlich und rechtzeitig mit Ihren Mitspielern ab, um das Spiel nicht unnötig zu verzögern.

Die Rechte des Spielers auf dem Fairway

Ball für unspielbar erklären ☞ Sie dürfen Ihren Ball jederzeit mit 1 Strafschlag für unspielbar erklären und von einer Erleichterung nach Regel 28 Gebrauch machen. Diese Entscheidung oder Beurteilung liegt allein in Ihrem Ermessen (siehe „Was ist passiert").

Bewegliche Hemmnisse entfernen ☞ Sie dürfen straflos bewegliche Hemmnisse entfernen. Hemmnisse sind alles Künstliche wie Dosen, Flaschen, Tees, Rechen, Schlauch oder auch Markierungspfosten (ausgenommen Ausmarkierungen).

Erleichterung von unbeweglichen Hemmnissen ☞ Unbewegliche Hemmnisse sind alles Künstliche, eingeschlossen die künstlich angelegten Oberflächen und Begrenzungen von Straßen und Wegen. Wenn Ihre Standposition oder der Raum Ihres beabsichtigten Schwungs durch ein unbewegliches Hemmnis behindert ist (nicht Ihre Spiellinie) können Sie von einer Erleichterung nach Regel 24 gebraucht machen (siehe „Was ist passiert").

Erleichterung von Boden in Ausbesserung ☞ Kommt Ihr Ball darin zum Liegen, können Sie straflose Erleichterung nach Regel 25 in Anspruch nehmen (siehe „Was ist passiert").

Erleichterung von zeitweiligem Wasser/ungewöhnlich beschaffenem Boden ☞ Kommt Ihr Ball darin zum Liegen oder ist Ihr Stand dadurch behindert, können Sie straflose Erleichterung nach Regel 25 in Anspruch nehmen (siehe „Was ist passiert").

Lose hinderliche Naturstoffe entfernen ☞ Lose Zweige oder Äste, wie auch Laub, Steine, Kot, Würmer oder Insekten sind „lose hinderliche Naturstoffe" und dürfen straflos wegbewegt werden.

Zur Identifizierung aufnehmen ☞ Sie dürfen den Ball straflos zur Identifizierung aufnehmen. Vorher müssen Sie Ihre Absicht Ihrem Zähler/Mitbewerber ankündigen und die Lage des Balls markieren.

Was ist passiert? – Regelfälle und Lösungen

Ball liegt an losen hinderlichen Naturstoffen ☞ Lose Zweige oder Äste, wie auch Laub, Steine, Kot, Würmer oder Insekten sind „lose hinderliche Naturstoffe“ und dürfen straflos wegbewegt werden. Bewegt sich dabei der Ball, so ziehen Sie sich 1 Strafschlag zu und müssen den Ball wieder an die ursprüngliche Stelle zurücklegen. Machen Sie dies nicht, ziehen Sie sich 2 Strafschläge zu.

Ball liegt an/in beweglichen Hemmnissen ☞ Hemmnisse sind alles Künstliche wie Dosen, Flaschen, Tees, Rechen, Schlauch oder

auch Markierungspfosten (ausgenommen Ausmarkierungen). Sie dürfen straflos bewegliche Hemmnisse entfernen. Bewegt sich dabei der Ball, so müssen Sie diesen straflos an die ursprüngliche Stelle zurücklegen. Liegt der Ball „in oder auf“ einem beweglichen Hemmnis (z.B. auf einer Schlägerhaube), so dürfen Sie den

Ball aufnehmen, das Hemmnis fortbewegen und den Ball straflos so nahe wie möglich dem Punkt, an dem er gelegen hatte, nicht näher zum Loch, fallen lassen. Ein Hemmnis gilt dann als „beweglich“, wenn Sie es auch unter Hilfe anderer, ohne unangemessene Verzögerung des Spiels und ohne etwas zu beschädigen, wegbewegen können.

Ball liegt an/in unbeweglichen Hemmnissen ☞ Wenn Ihre Standposition oder der Raum Ihres beabsichtigten Schwungs durch ein unbewegliches Hemmnis behindert ist, dann haben Sie nach Regel 24-2b (I) straflos die Möglichkeit, Ihren Ball innerhalb einer Schlägerlänge vom „nächstgelegenen Punkt der Erleichterung“, aber nicht näher zum Loch als die ursprüngliche Lage Ihres Balls, fallen zu lassen. Der „nächstgelegene Punkt der Erleichterung“ ist immer die kürzeste Entfernung vom Umstand der Behinderung, von dem Sie Erleichterung in Anspruch nehmen können, nicht näher zum Loch. Das Messen zum kürzesten Punkt muss auch durch das Hemmnis hindurch geschehen.

Immer die kürzeste Entfernung wählen!

Den „nächstgelegene Punkt“ können Sie nicht frei wählen, er kann auch im tiefen Rough oder an einem Hang oder hinter einer Scheune liegen. Manchmal kann es besser sein, den Ball zu spielen, wie er liegt.

Bestimmung des „nächstgelegenen Punkts der Erleichterung“ von Stand und/oder Schwung.

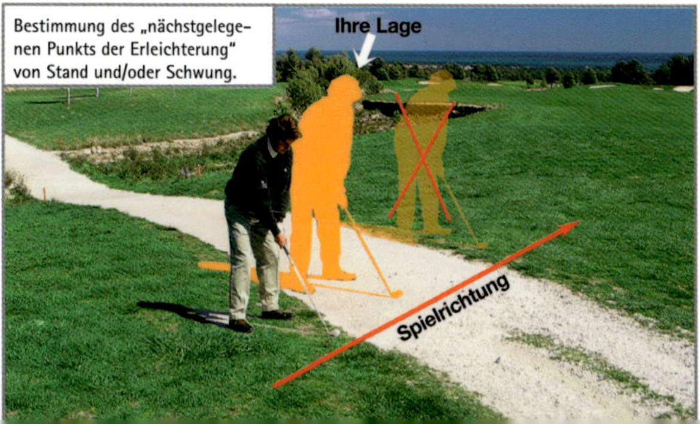

Ball liegt in einem Divot ☞ Kommt Ihr Ball im Gelände in einer Grasnarbe (Divot) oder auch unter einer Grasnarbe zum Liegen, so müssen Sie den Ball spielen, wie er liegt. 💣 Ist die Grasnarbe noch zu Teilen angewachsen, dürfen Sie diese nicht bewegen. Lediglich zur Identifizierung Ihres Balls können Sie das Gras berühren oder nur im erforderlichen Ausmaß bewegen.

Ball spielen, wie er liegt.

Ball liegt an Bunkerkante ☞ Ein Ball ist erst „in" einem Bunker, wenn er darin liegt oder ihn mit irgendeinem Teil berührt. Liegt ein Ball an einer Bunkerkante und berührt keinen Sand sondern ragt in den Bunker hinein, ist der Ball noch nicht „im" Bunker, da die Grenze eines Bunkers nicht wie bei einem Wasserhindernis senkrecht nach oben verläuft.

Dieser Ball liegt „nicht" im Bunker.

Ball beim Suchen bewegt ☞ Bewegen Sie den Ball beim Suchen, so erhalten Sie 1 Strafschlag und müssen den Ball zurücklegen. 💣 Legen Sie den Ball nicht zurück, erhalten Sie 2 Strafschläge. ✋ Straffrei ist es, wenn Sie Ihren Ball in zeitweiligem Wasser oder in „Boden in Ausbesserung" beim Suchen bewegen. ✋ Wird der Ball beim Suchen durch Ihren Mitbewerber bewegt, ist dies ebenso straffrei. Der Ball muss zurückgelegt werden.

Ball beim Ansprechen bewegt ☞ Bewegt sich der Ball, nachdem Sie ihn angesprochen haben, so erhalten Sie 1 Strafschlag und müssen den Ball zurücklegen. 💣 Legen Sie den Ball nicht zurück, erhalten Sie 2 Strafschläge.

Ball in zeitweiligem Wasser ☞ Als „zeitweiliges Wasser“ wird jede vorübergehende Wasseransammlung auf dem Platz außerhalb eines Wasserhindernisses bezeichnet, die sichtbar ist, bevor oder nachdem der Spieler seine Standposition bezieht. Sie können den Ball aufnehmen und ihn straflos innerhalb „einer“ Schlägerlänge vom „nächstgelegenen Punkt der Erleichterung“, aber nicht näher zum Loch als dieser Punkt, fallen lassen. Der „nächstgelegene Punkt der Erleichterung“ darf sich in diesem Fall „nicht in einem Hindernis oder auf dem Grün“ befinden. Der Ball darf gereinigt werden, wenn er nach dieser Regel (25-1 b.) aufgenommen wurde.

Wasser ist nicht immer sofort sichtbar!

Auch der Stand kann beeinflusst sein.

Ball ist nicht auffindbar ☞ Ist ein Ball „verloren“ oder im Aus, so müssen Sie mit 1 Strafschlag einen Ball so nahe der Stelle spielen, von der Sie den ursprünglichen Ball zuletzt gespielt haben. Hatten Sie bereits einen provisorischen Ball gespielt, zählt die Schlagzahl des „provisorischen Balls“ unter Hinzurechnung 1 Strafschlags. Ein Ball ist „nicht verloren“, wenn er in ungewöhnlich beschaffenem Boden (zeitweiliges Wasser, Boden in Ausbesserung, Loch) liegt. Hier können Sie Erleichterung in Anspruch nehmen.

Ball eingebettet ☞ Ist der Ball in sein eigenes Einschlagloch im Boden eingebettet, so dürfen Sie ihn nur auf dem Fairway, also nicht im Rough oder Semi-Rough straflos aufnehmen, reinigen und so nahe der Stelle, an der er ursprünglich eingebettet war, jedoch nicht näher zum Loch fallen lassen.

Bälle liegen nah beieinander ☞ Sie können jederzeit Ihren Mitspieler dazu auffordern, seinen Ball aufzunehmen, wenn Sie sich in irgendeiner Weise von dessen Ball behindert (oder auch unterstützt) fühlen. Es ist dabei unwichtig, ob Ihr Mitspieler diese Meinung teilt.

Fordern Sie Ihren Mitbewerber zum „Aufheben" auf!

Wird der Ball vor dem Aufnehmen nicht markiert, erhält der Spieler 1 Strafschlag.

Wenn Sie einen Ball nach Regel 22 aufnehmen, dann sollten Sie diesen möglichst nur mit zwei Fingern deutlich hochhalten, um Ihren Mitspieler zu dokumentieren, dass Sie Ihren Ball „nicht reinigen". Reinigen Sie den Ball, erhalten Sie 1 Strafschlag.

Ball beim Aufnehmen nicht reinigen.

Schwung ist behindert ☞ Ist Ihr Schwung durch ein Hemmnis behindert, können Sie Erleichterung in Anspruch nehmen (siehe Fall „Ball an/in unbeweglichen Hemmnissen"). Ist Ihr Schwung durch einen „losen hinderlichen Naturstoff" wie einen „losen" und „nicht angewachsenen" Ast, behindert, dürfen Sie diesen straflos fortbewegen. Wie groß der vermeintliche Gegenstand ist, ist dabei nicht relevant, er muss „lose" und „natürlich" sein. Ist dies alles nicht der

Ast behindert Schwung.

Einen losen Ast dürfen Sie entfernen.

Fall, müssen Sie den Ball spielen, wie er liegt, und darauf achten, dass Sie den Stand „redlich" beziehen. Sie haben keinen Anspruch auf eine „normale Standposition" oder einen „normalen Schwung". Sie müssen Ihren Stand „redlich" beziehen und dürfen nichts, was angewachsen oder befestigt ist, bewegen. Bewegen Sie beim Wegbewegen von „losen hinderlichen Naturstoffen", oder beim Beziehen Ihrer Standposition Ihren Ball, so erhalten Sie 1 Strafschlag und müssen den Ball wieder zurücklegen. Machen Sie dies nicht, erhalten Sie 2 Strafschläge.

Sie sind nicht sicher, wo sich das Grün befindet ☞ Auf dem Fairway dürfen Sie sich die Spiellinie von jedermann beschreiben lassen. Fragen Sie also ruhig, wie das Fairway weiter verläuft (Dogleg?) und in welcher Richtung die Fahne steht. Doch Vorsicht, seien Sie nicht unbekümmert, fragen Sie nicht „wie soll ich spielen?", dies wäre eine Aufforderung zu einer Belehrung und kostet Sie 2 Strafschläge!

Sie sind nicht sicher, wie weit es bis zum Grün ist ☞ Die Frage nach der Entfernung Ihres Balls bis zum Grün gilt nicht als „Belehrung erbitten". Es ist Spielern erlaubt, alle Entfernungsangaben über die Distanzen zwischen zwei Objekten (Ball, Baum, Bunker, Grün etc.) untereinander auszutauschen. Elektronische Entfernungsmesser können aber „nur" durch eine Platzregel erlaubt werden.

Sie sind sich nicht sicher, welchen Schläger Sie verwenden sollen ☞ Fragen Sie nicht, entscheiden Sie! Jede Frage nach einem Schläger ist eine Aufforderung zur Belehrung. Sie riskieren damit 2 Strafschläge. Ausnahme: Sie fragen Ihren Caddie oder Sie spielen im Team und fragen Ihren Partner. ☞ Gelangen Sie durch „Beobachtung" (ohne körperliche Handlung) zur Information, welcher Schläger verwendet wird, ist dies straflos.

Nach Ihrem Schlag sind Sie nicht sicher, ob Sie den Ball finden ☞

Entscheiden Sie sich am besten für einen provisorischen Ball. Falls Ihr Ball verloren ist, sparen Sie sich und Ihren Mitspielern Zeit. ✋ Spielen Sie aber einen provisorischen Ball erst, „nachdem" Sie Ihre Absicht Ihrem Zähler oder einem Mitbewerber mitgeteilt haben. Droppen Sie dazu einen Ball an der Stelle des ursprünglichen Schlags. ✋ Treffen Sie diese Entscheidung schnell, denn Sie müssen dies tun, noch „bevor" Sie selbst oder Ihr Partner nach vorne gehen, um den ursprünglichen Ball zu suchen. ✋ Wenn Ihr Ball in einem Wasserhindernis gelandet ist, haben Sie keine Möglichkeit, einen provisorischen Ball zu spielen. 💣 Machen Sie einen Schlag nach Ihrem provisorischen Ball an einer Stelle näher zur Fahne als die vermutete Lage des ersten Balls, wird der provisorische Ball automatisch unter Hinzurechnung von

Wenn Sie ab hier Ihren provisorischen Ball weiter spielen, wird er automatisch zum Ball im Spiel.
Ihr zweiter Schlag eines provisorischen Balls.
Die vermutete Lage Ihres ersten Balls, der noch Ball im Spiel ist.
Ihr erster Schlag eines provisorischen Balls.
Erster Schlag ins Rough. Sie sind sich nicht sicher, den Ball zu finden und können auch nicht sicher feststellen, ob der Ball im Aus liegt.

1 Schlag zum Ball im Spiel (1. Schlag + Schläge nach prov. Ball + Strafschlag). 💣 Versäumen Sie es, Ihren Ball als „provisorisch" anzukündigen, wird er mit 1 Strafschlag zum „Ball im Spiel". Ihr ursprünglicher Ball gilt als verloren. 💣 Wird Ihr Ball gefunden und Sie machen einen Schlag nach dem provisorischen Ball, spielen Sie einen falschen Ball (2 Strafschläge).

Unspielbarer Ball ☞ Außer in einem Wasserhindernis, dürfen Sie Ihren Ball auf dem Platz jederzeit für unspielbar erklären und von einer Erleichterung nach Regel 28 Gebrauch machen. Diese Entscheidung oder Beurteilung liegt allein in Ihrem Ermessen. Sie können unter Hinzurechnung von 1 Strafschlag unter folgenden 3 Varianten wählen:

a) Ball an der Stelle fallen lassen, wo Sie den letzten Ball gespielt haben. War die Stelle auf dem Abschlag, so können Sie den Ball irgendwo innerhalb des Abschlags neu aufteen.
b) Sie können aber auch einen Ball in beliebiger Entfernung auf dem Platz hinter dem Punkt, an dem Ihr Ball jetzt liegt (nicht näher zum Loch), auf gerader Linie zwischen diesem Punkt und der Fahne, fallen lassen.
c) Sie können einen Ball (nicht näher zum Loch) innerhalb von zwei Schlägerlängen von der Stelle, an der Ihr Ball jetzt liegt, fallen lassen.

Wenn Sie nach dieser Regel verfahren, dürfen Sie Ihren Ball nach dem Aufnehmen reinigen.

Checkliste vor dem Schlag im Rough

Ball suchen ☞ Sie haben 5 Minuten Zeit, Ihren Ball zu finden. Danach gilt er als „verloren“ und Sie müssen einen Ball mit 1 Strafschlag und Verlust der Distanz an der Stelle des letzten Schlags machen. War dies der Abschlag, können Sie den Ball irgendwo innerhalb des Abschlags spielen und dürfen den Ball aufteen. Bewegen Sie Ihren eigenen Ball beim Suchen, erhalten Sie 1 Strafschlag und müssen den Ball zurücklegen.

Ball identifizieren ☞ Gerade im Rough ist die Verwechslungsgefahr sehr groß. Also immer genau hinsehen und ggf. den Ball straflos nach Regel 12-2 zur Identifizierung aufnehmen. „Bevor“ Sie jedoch den Ball aufnehmen, müssen Sie Ihre Absicht Ihrem Zähler oder Mitbewerber ankündigen und die Lage des Balls markieren. Sie dürfen den Ball nur im zur Identifizierung erforderlichen Ausmaß reinigen! Versäumen Sie es Ihren Ball zu markieren, erhalten Sie 1 Strafschlag. Haben Sie markiert und legen Ihren Ball nicht exakt an die ursprüngliche Stelle zurück, erhalten Sie 2 Strafschläge.

Ball spielbar? ☞ Denken Sie immer daran, dass die Regeln für Sie Vorteile bieten. Möchten Sie den Ball für unspielbar erklären? Liegt der Ball in einem Loch eines „Erdgänge grabenden Tiers“?

Lage nicht beeinflussen ☞ Sie dürfen nichts tun, um die Lage des Balls zu beeinflussen, auch nicht beim Suchen oder beim Fortbewegen von losen hinderlichen Naturstoffen. Bewegt sich Ihr Ball, erhalten Sie 1 Strafschlag. Legen Sie den Ball nicht an die ursprüngliche Stelle zurück, erhalten Sie 2 Strafschläge.

Raum des Stands/Schwungs nicht beeinflussen ☞ Sie dürfen nichts tun, um Ihren Stand oder den Raum Ihres Schwungs oder die Spiellinie zu verbessern. Beziehen Sie Ihren Stand „redlich“.

Die Rechte des Spielers im Rough

Ball für unspielbar erklären ☞ Sie dürfen Ihren Ball jederzeit mit 1 Strafschlag für unspielbar erklären und von einer Erleichterung nach Regel 28 Gebrauch machen. Diese Entscheidung oder Beurteilung liegt allein in Ihrem Ermessen (siehe „Was ist passiert").

Bewegliche Hemmnisse entfernen ☞ Sie dürfen straflos bewegliche Hemmnisse entfernen. Hemmnisse sind alles Künstliche wie Dosen, Flaschen, Tees, Rechen, Schlauch oder auch Markierungspfosten (ausgenommen Ausmarkierungen).

Erleichterung von unbeweglichen Hemmnissen ☞ Unbewegliche Hemmnisse sind alles Künstliche, eingeschlossen die künstlich angelegten Oberflächen und Begrenzungen von Straßen und Wegen. Wenn Ihre Standposition oder der Raum Ihres beabsichtigten Schwungs durch ein unbewegliches Hemmnis behindert ist (nicht Ihre Spiellinie) können Sie von einer Erleichterung nach Regel 24 Gebrauch machen (siehe „Was ist passiert").

Erleichterung von Boden in Ausbesserung ☞ Kommt Ihr Ball darin zum Liegen, können Sie straflose Erleichterung nach Regel 25 in Anspruch nehmen (siehe „Was ist passiert").

Erleichterung von zeitweiligem Wasser/ungewöhnlich beschaffenem Boden ☞ Kommt Ihr Ball darin zum Liegen oder ist Ihr Stand dadurch behindert, können Sie straflose Erleichterung nach Regel 25 in Anspruch nehmen (siehe „Was ist passiert").

Lose hinderliche Naturstoffe entfernen ☞ Lose Zweige oder Äste, wie auch Laub, Steine, Kot, Würmer oder Insekten sind „lose hinderliche Naturstoffe" und dürfen straflos wegbewegt werden.

Zur Identifizierung aufnehmen ☞ Sie dürfen den Ball straflos zur Identifizierung aufnehmen. Vorher müssen Sie Ihre Absicht Ihrem Zähler/Mitbewerber ankündigen und die Lage des Balls markieren.

Was ist passiert? – Regelfälle und Lösungen

Ball ist nicht auffindbar ☞ Ist ein Ball „verloren“ oder ist er im Aus, so müssen Sie mit 1 Strafschlag einen Ball so nahe wie möglich der Stelle spielen, von der Sie den ursprünglichen Ball zuletzt gespielt haben. ✋ Waren Sie schlau und haben vorausschauend bereits einen provisorischen Ball gespielt, zählt die Schlagzahl des „provisorischen Balls“ unter Hinzurechnung von 1 Strafschlag.

Ball eingebettet ☞ Ist der Ball in sein eigenes Einschlagloch im Boden eingebettet, so dürfen Sie ihn im Rough oder Semi-Rough „nicht“ wie auf dem Fairway straflos aufnehmen. ✋ Sie müssen den Ball spielen, wie er liegt.

Ball liegt in einem Biotop ☞ Beachten Sie die Platzregeln. Das Betreten eines ausgewiesenen Biotops ist verboten. Wenn Behinderung durch ein geschütztes Biotop gegeben ist, also auch, wenn nur der Raum Ihres beabsichtigten Schwungs durch ein geschütztes Biotop beeinträchtigt wird, müssen Sie davon straffreie Erleichterung in Anspruch nehmen. Wenn keine Dropzone vorhanden ist, müssen Sie den nächstmöglichen Punkt der Erleichterung feststellen und einen Ball innerhalb von zwei Schlägerlängen, nicht näher zum Loch, fallen lassen.

Ball im Biotop/Boden in Ausbesserung

Ball straflos fallen lassen

Ball liegt in einem Loch ☞ Suchen Sie Ihren Ball im Rough und sind sich mit Ihren Mitspielern sicher, an der richtigen Stelle zu suchen und finden ein Loch eines Erdgänge grabenden Tiers, in dem Ihr Ball mit sehr hoher Wahrscheinlichkeit verloren gegangen ist, dann liegen „berechtigte Anzeichen“ vor, dass der Ball darin verloren ist. In diesem Fall können Sie „Erleichterung von ungewöhnlich beschaffenem Boden“ in Anspruch nehmen. Sie müssen diese Entscheidung allerdings „innerhalb von 5 Minuten“ treffen, da Ihr Ball nach dieser Frist automatisch als verloren gilt und nicht mehr „Ball im Spiel“ ist.

Ball liegt nahe an der Auslinie ☞ Ein Ball ist erst dann im Aus, wenn er vollständig im Aus liegt – egal, wie breit Pfosten oder Linien sind. Die eigentliche Begrenzung ist ein schmaler Strich zum Platz hin an den vordersten Punkten einer Linie oder den vordersten Punkten von Pfosten zu Pfosten – liegt Ihr Ball vollständig hinter diesem Strich, so liegt er im Aus.

Diese Bälle liegen bereits im Aus und sind nicht spielbar.

Diese Bälle sind noch spielbar, da noch nicht im Aus oder noch nicht vollständig im Aus.

Ball nicht eindeutig identifizierbar ☞ Finden Sie einen Ball im Rough und können diesen nicht genau identifizieren, dürfen Sie den Ball straflos zur Identifizierung aufnehmen. Aber, wenn Sie Ihren eigenen Ball suchen und identifizieren wollen, müssen Sie 1. „vorher“ Ihre Absicht, den Ball aufzunehmen, Ihrem Zähler oder Mitbewerber ankündigen und 2. auch „vorher“ die Lage des Balls markieren. Darüber hinaus müssen Sie 3. Ihrem Gegner, Zähler oder Mitbewerber die Gelegenheit geben, das Aufnehmen und Zurücklegen zu beobachten.

Halten Sie dieses Verfahren ganz oder teilweise nicht ein und „ist der Ball", den Sie gefunden haben, „Ihr Ball", so verstoßen Sie automatisch gegen Regel 12-2 und ziehen sich 1 Strafschlag zu.

Ball unspielbar ☞ Sie können auch hier im Rough Ihren Ball nach Regel 28 für unspielbar erklären. Sie können unter Hinzurechnung von 1 Strafschlag unter folgenden 3 Varianten wählen:

a) Ball an der Stelle fallen lassen, wo Sie den letzten Ball gespielt haben. War die Stelle auf dem Abschlag, so können Sie den Ball irgendwo innerhalb des Abschlags neu aufteen.

b) Einen Ball in beliebiger Entfernung auf dem Platz hinter dem Punkt, an dem Ihr Ball jetzt liegt (nicht näher zum Loch), auf gerader Linie zwischen diesem Punkt und der Fahne, fallen lassen (das kann auch tiefer im Rough oder auf einem anderem Fairway liegen).

c) Sie können einen Ball, nicht näher zum Loch, innerhalb von zwei Schlägerlängen von der Stelle, an der Ihr Ball jetzt liegt, fallen lassen (mit etwas Glück kommen Sie damit bis ins Semi-Rough).

Ball in der Standposition nicht zu sehen ☞ Im hohen Rough können Sie beim Einnehmen der Standposition den Ball nicht sehen. Widerstehen Sie der Versuchung, Gräser beiseite zu schieben, damit Sie den sowieso schon schwierigen Ball wenigstens sehen können. Aber Sie dürfen nichts dergleichen unternehmen, denn nach Regel 12-1 haben Sie nicht unbedingt Anspruch darauf, Ihren Ball sehen zu können, wenn Sie einen Schlag spielen. Können Sie sich nicht zurückhalten, würden Sie zwar nicht die Lage des Balls verändern oder verbessern, aber den Raum des beabsichtigten Stands oder Schwungs verbessern und gegen Regel 13-2 verstoßen – 2 Strafschläge. Auch das Herumtrampeln um einen Ball, in der angeblichen Unsicherheit, wie nun zu verfahren ist, verändert den Raum des beabsichtigen Stands – 2 Strafschläge.

Schwung nicht oder kaum möglich ☞ Sie dürfen nichts tun, um Ihren Stand oder den Raum Ihres Schwungs oder die Spiellinie zu verbessern. Beziehen Sie Ihren Stand „redlich“, d.h. Sie müssen sich auf das Unvermeidbare beim Beziehen der Standposition beschränken. „Sie haben keinen Anspruch auf eine normale Standposition“ oder einen „normalen Schwung“. Entscheiden Sie „bevor“ Sie in, an oder seitlich eines Gebüsches oder Baumes Ihre Standposition beziehen, „wie Sie dies machen“. Wenn Sie schon mittendrin stehen, können Sie nicht mit Händen und Hinterteil wedeln, um sich Raum zu schaffen. Sie verstoßen sonst gegen Regel 13-2 und erhalten 2 Strafschläge.

Stand redlich bezogen

Stand unredlich bezogen

Ball liegt vor einem Unterstand ☞ Wenn der Unterstand „nur“ in Ihrer Spiellinie steht, aber Ihr Stand, Schlag und Schwung nicht beeinträchtigt ist, können Sie von diesem Umstand keine straflose Erleichterung in Anspruch nehmen. Versuchen Sie einfach um den Unterstand mit einem Sicherheitsschlag seitlich zu spielen, um von da aus in eine bessere Position zu gelangen. Natürlich können Sie auch hier nach Regel 28 verfahren und den Ball mit 1 Strafschlag für unspielbar erklären.

Nicht die Spielrichtung ist ausschlaggebend

Checkliste vor dem Schlag im Bunker

Ball identifizieren ☞ Seit 2008 „müssen“ Sie Ihren Ball auch im Bunker identifizieren. Daher ggf. den Ball straflos nach Regel 12-2 zur Identifizierung aufnehmen. „Bevor“ Sie den Ball aufnehmen, müssen Sie Ihre Absicht Ihrem Zähler oder Mitbewerber ankündigen und die Lage des Balls markieren. Sie dürfen den Ball nur im zur Identifizierung erforderlichen Ausmaß reinigen und müssen den Ball in die genaue ursprüngliche Lage zurückversetzen ohne durch unnötige Handlungen die Beschaffenheit des Sandes zu prüfen! Versäumen Sie es Ihren Ball zu markieren, erhalten Sie 1 Strafschlag. Haben Sie markiert und legen Ihren Ball nicht exakt an die ursprüngliche Stelle zurück, erhalten Sie 2 Strafschläge.

Ball spielbar? ☞ Auch im Bunker können Sie den Ball nach Regel 28 mit 1 Strafschlag für unspielbar erklären.

Keine losen hinderlichen Naturstoffe entfernen ☞ Lose Zweige oder Äste, wie auch Laub, Steine, Kot, Würmer oder Insekten sind „lose hinderliche Naturstoffe“ und dürfen „nicht“ wegbewegt werden. Bewegen oder berühren Sie lose hinderliche Naturstoffe, erhalten Sie 2 Strafschläge.

Keine Standposition herstellen ☞ Sie dürfen zwar die Füße „fest“ aufsetzen, wenn Sie Ihre Standposition „beziehen“, aber Sie dürfen sich keine Standposition „herstellen“.

Nicht den Boden berühren ☞ Sie dürfen vor Ihrem Schlag nicht die Beschaffenheit des Bunkers prüfen und nicht den Boden mit einer Hand oder dem Schläger berühren. Wenn Sie in einem Bunker einen Schläger oder einen Rechen ablegen, gilt dies nicht als Prüfen der Beschaffenheit und ist straflos. Berühren Sie den Boden des Bunkers mit dem Schläger beim Rückschwung, erhalten Sie 2 Strafschläge.

Die Rechte des Spielers im Bunker

Bewegliche Hemmnisse entfernen ☞ Sie dürfen straflos bewegliche Hemmnisse entfernen. Hemmnisse sind alles Künstliche wie Dosen, Flaschen, Tees, Spikes, Rechen etc.

Erleichterung von zeitweiligem Wasser/ungewöhnlich beschaffenem Boden ☞ Kommt Ihr Ball darin zum Liegen oder ist Ihr Stand dadurch behindert, können Sie straflose Erleichterung nach Regel 25 in Anspruch nehmen (siehe „Was ist passiert").

Falschen Ball spielen ☞ Da Sie seit 2008 „auch im Bunker" das Recht haben, Ihren Ball zu identifizieren, sind Sie auch verantwortlich den „richtigen Ball" zu spielen. Spielen Sie einen falschen Ball erhalten Sie nach Regel 15-3 nun 2 Strafschläge. Sie müssen aber den Fehler durch das Spielen des „richtigen Balls" beheben (sonst droht Disqualifikation). Wenn der falsche Ball von einem anderen Spieler stammte, so muss dieser falsche Ball „durch seinen Besitzer" wieder dort hingelegt werden, wo der falsche Ball zum ersten Mal gespielt worden ist.

Schläger wechseln/im Bunker ablegen ☞ Kommen Sie noch vor dem Schlag nach dem Ball zur Erkenntnis, einen anderen Schläger zu wählen, dann tun Sie das! Nach Dec. 13-4/26 haben Sie das Recht, einen anderen Schläger zu wählen und Ihre Ansprechposition straflos neu zu beziehen. Achten Sie aber darauf, Ihren Ball nicht zu berühren oder zu bewegen. Sie können auch zwei Schläger mit in den Bunker nehmen und einen ablegen. Achten Sie dabei allerdings darauf, den Schläger abzulegen und dabei nicht die Oberfläche zu „prüfen". Gleiches gilt auch für

Harke im Bunker ablegen ☞ Das Legen oder Werfen der Harke in den Bunker ist straflos. Stecken Sie die Harke aber nicht in den Bunker, dies wäre ein Prüfen der Oberfläche = 2 Strafschläge!

Was ist passiert? – Regelfälle und Lösungen

Ball bewegt sich beim Ansprechen ☞ Bewegt sich der Ball „vor" dem Ansprechen des Balls, also bevor der Stand eingenommen wurde, ist dies straflos. Haben Sie „beim" Herantreten oder „durch" das Einnehmen der Standposition „verursacht", dass sich der Ball bewegte, so erhalten Sie 1 Strafschlag nach Regel 18-2a. Der Ball muss jeweils zurückgelegt werden, wo er ursprünglich lag.

Ball eingebohrt und nicht zu finden ☞ Ist Ihr Ball im Bunker eingebohrt und nicht aufzufinden, dürfen Sie durch Tasten oder Rechen mit einem Schläger so viel lose hinderliche Naturstoffe oder auch Sand fortbewegen wie erforderlich, damit Sie Ihren Ball identifizieren können. „Bevor" Sie diese Handlungen vornehmen, müssen Sie Ihre Absicht Ihrem Zähler oder Mitbewerber ankündigen. Wurde mehr fortbewegt, ist dies straflos (wenn die Handlung auf die Suche zurückzuführen ist). Der Ball muss danach in die gleiche Lage zurückversetzt werden und wieder so bedeckt werden wie Sie ihn vorgefunden haben. Versäumen Sie es Ihren Ball vor dem Aufnahmen zu markieren, erhalten Sie 1 Strafschlag. Haben Sie markiert und legen Ihren Ball nicht exakt in die ursprüngliche Lage zurück, erhalten Sie 2 Strafschläge.

Ball identifizieren/falschen Ball spielen ☞ Da Sie seit 2008 „auch im Bunker" das Recht haben, Ihren Ball zu identifizieren, sind Sie auch verantwortlich den „richtigen Ball" zu spielen. Spielen Sie einen falschen Ball erhalten Sie nach Regel 15-3 nun 2 Strafschläge. Sie müssen aber den Fehler durch das Spielen des „richtigen Balls" beheben (sonst droht Disqualifikation). Wenn der falsche Ball von einem anderen Spieler stammte, so muss dieser falsche Ball „durch seinen Besitzer" wieder dort hingelegt werden, wo der falsche Ball zum ersten Mal gespielt worden ist.

Ball liegt an Harke im Bunker ☞ Eine Harke, die im Bunker liegt, ist ein „bewegliches Hemmnis“ und darf nach Regel 24-1 straflos entfernt werden. Bewegt sich beim Entfernen der Harke Ihr Ball, so müssen Sie diesen straflos wieder an die ursprüngliche Stelle zurücklegen. 💣 Legen Sie den Ball nicht zurück, so verstoßen Sie gegen Regel 18-2a und erhalten 2 Strafschläge.

Harke wegnehmen, Ball zurücklegen

Bälle liegen dicht nebeneinander ☞ Sie können auch im Bunker jederzeit Ihren Mitspieler dazu auffordern, seinen Ball aufzunehmen, wenn Sie sich in irgendeiner Weise von dessen Ball behindert (oder auch unterstützt) fühlen. Es ist dabei unwichtig, ob Ihr Mitspieler diese Meinung teilt. 💣 Wird der Ball vor dem Aufnehmen nicht markiert, erhält der Spieler 1 Strafschlag. Die ursprüngliche Lage muss so gut wie möglich wieder hergestellt werden.

Fußspuren einebnen ☞ Spielt Ihr Mitbewerber seinen Ball vor Ihrem Ball aus dem Bunker, so haben Sie das Recht, diesen aufzufordern, seine Spuren einzuebnen, noch bevor Sie Ihren Ball spielen. ✋ Sie haben zwar kein absolutes Recht diese Etikette zu verlangen, aber die Tatsache, dass Sie darum bitten, hat nichts mit einer Belehrung oder Vorteilsnahme zu tun und ist straflos.

Entfernung zum Grün ☞ Sie dürfen jederzeit nach der Distanz einer festen Gegebenheit, wie der Bunkerkante zum Grün, fragen. Auch dürfen Sie nach der Fahnenposition fragen. Seit 2006 dürfen Sie auch straflos nach der Entfernung zwischen Ihrem Ball und einem anderen Objekt (Grün) erfragen.

Getränkedose liegt im Bunker ☞ Flaschen, Dosen sowie alles Künstliche, wie auch eine Harke, die im Bunker liegt, sind „bewegliche Hemmnisse“ und dürfen nach Regel 24-1 straflos entfernt werden. Bewegt sich beim Entfernen Ihr Ball, so müssen Sie diesen straflos wieder an die ursprüngliche Stelle zurücklegen. 💣 Legen Sie den Ball nicht zurück, erhalten Sie 2 Strafschläge.

Laub und Zweige am/neben/über Ball ☞ Ist ein Ball im Bunker mit Laubblättern oder anderen losen hinderlichen Naturstoffen bedeckt, aber der Ball dennoch aus seitlicher Sichtweise zu sehen, dürfen Sie diese losen hinderlichen Naturstoffe „nicht“ berühren oder bewegen, sondern müssen den Ball (auch ohne Sichtmöglichkeit auf den Ball) so spielen, wie er liegt.

Auch beim Rückschwung nicht den Boden berühren!

Sand beim Rückschwung mit Schläger berührt ☞ Berühren Sie mit dem Schläger auch beim Rückschwung den Sand/Boden des Bunkers, haben Sie „Boden im Hindernis“ berührt, gegen R. 13-4b verstoßen und erhalten 2 Strafschläge.

Steine liegen im Bunker ☞ Ein fest eingebetteter Stein in einem Hindernis gilt als „Boden im Hindernis“. Ein „loser“ Stein gilt als „loser hinderlicher Naturstoff“. Beides dürfen Sie nicht berühren. Beachten Sie die Platzregeln, es kann hierzu Ausnahmen geben.

Zeitweiliges Wasser im Bunker ☞ Sie haben keinen Anspruch auf vollständige Erleichterung! Sie können sich den nächstmöglichen Bereich „innerhalb“ des Bunkers suchen, der Ihnen die größte „erzielbare“ Erleichterung bietet und Ihren Ball straflos an dieser Stelle droppen. Diese Stelle darf nicht näher zum Loch liegen! Sie dürfen das Wasser mit Ihrem Schläger berühren. ✋ Sie können den Ball mit 1 Strafschlag für unspielbar erklären (R. 28) oder auch nach R. 25-1b (II)b mit 1 Strafschlag außerhalb des Bunkers droppen.

Schadensbegrenzung – Ball unspielbar ☞ Sie haben auch im Bunker „jederzeit“, ganz unabhängig von der Meinung Ihres Zählers, die Möglichkeit, Ihren Ball nach Regel 28 für unspielbar zu erklären. Sie können unter Hinzurechnung von 1 Strafschlag unter folgenden 3 Varianten wählen:

a) Einen Ball so nahe wie möglich der Stelle spielen, von der der ursprüngliche Ball gespielt wurde.

b) Einen Ball „innerhalb“ des Bunkers in beliebiger Entfernung hinter dem Punkt, an dem der Ball lag, fallen lassen, wobei dies auf der geraden Linie zwischen dem Loch und der ursprünglichen Lage des Balls liegen muss.

c) Den Ball „innerhalb“ des Bunkers, nicht näher zum Loch, innerhalb zweier Schlägerlängen von der Stelle, an der er lag, fallen lassen.

Wenn Sie nach dieser Regel verfahren, dürfen Sie Ihren Ball nach dem Aufnehmen reinigen.

Checkliste rund um das Wasserhindernis

Ball wirklich im Wasserhindernis? ☞ Nach Regel 26-1 ist es „eine Frage der Umstände", ob ein „in Richtung auf ein" Wasserhindernis gespielter Ball „tatsächlich" innerhalb oder außerhalb des Wasserhindernisses verloren gegangen ist, oder nicht. Sie oder einer Ihrer Mitspieler müssen gesehen haben, dass der Ball in das Hindernis gelangt ist oder sich „so gut wie sicher sein".

Ball spielbar? ☞ Sie dürfen Ihren Ball „im" Wasserhindernis spielen. Sie können den Ball nicht nach Regel 28 für „unspielbar" erklären.

Keine losen hinderlichen Naturstoffe entfernen ☞ Wenn Sie den Ball „im" Wasserhindernis spielen wollen, dürfen Sie „lose hinderliche Naturstoffe" wie lose Zweige oder Äste, wie auch Laub, Steine, Kot, Würmer oder Insekten „nicht" bewegen. Bewegen oder berühren Sie lose hinderliche Naturstoffe, erhalten Sie 2 Strafschläge.

Nicht den Boden oder Wasser berühren ☞ Sie dürfen vor Ihrem Schlag nicht die Beschaffenheit des Hindernisses prüfen und nicht den Boden oder Wasser mit einer Hand oder dem Schläger berühren. Sie dürfen aber Schläger im Wasserhindernis ablegen und auch hohe Gräser berühren. Berühren Sie den Boden oder Wasser des Wasserhindernisses mit dem Schläger auch beim Rückschwung, erhalten Sie 2 Strafschläge.

Lage nicht beeinflussen ☞ Sie dürfen nichts tun, um die Lage des Balls zu beeinflussen, auch nicht beim Suchen oder beim Fortbewegen von losen hinderlichen Naturstoffen. Bewegt sich Ihr Ball, erhalten Sie 1 Strafschlag. Legen Sie den Ball nicht an die ursprüngliche Stelle zurück, erhalten Sie 2 Strafschläge.

Raum des Stands/Schwungs nicht beeinflussen ☞ Sie dürfen nichts tun, um Ihren Stand oder den Raum Ihres Schwungs oder die Spiellinie zu verbessern. Beziehen Sie Ihren Stand „redlich".

Die Rechte des Spielers im Wasserhindernis

Ball identifizieren ☞ Entscheiden Sie sich, einen Ball im Wasserhindernis zu spielen, „müssen“ Sie Ihren Ball seit 2008 identifizieren. Das Spielen eines falschen Balls ist nicht mehr straflos. Versäumen Sie es Ihren Ball zu markieren, erhalten Sie 1 Strafschlag. Haben Sie markiert und legen Ihren Ball nicht exakt an die ursprüngliche Stelle zurück, erhalten Sie 2 Strafschläge. Möchten Sie eine Erleichterung nach Regel 26 in Anspruch nehmen und Sie sind sich „nicht sicher“, dass Ihr Ball im Wasserhindernis ist, müssen Sie den Ball im Wasserhindernis identifizieren, ansonsten gilt der Ball als „verloren oder im Aus“ nach Regel 27-1. Ein Ball ist bereits im Hindernis, wenn er es mit irgendeinem Teil berührt. Die Berührung bezieht sich dabei auf die markierte „Grenze“ eines Wasserhindernisses, nicht auf das Wasser selber.

Ball spielen, wie er liegt ☞ Sie dürfen den Ball straflos spielen, wie er liegt. Nicht den Schläger aufsetzen, nicht das Wasser berühren, Lage des Balls und Raum des Stands/Schwungs nicht verbessern.

Falschen Ball spielen ☞ Sie dürfen nach Regel 15-3 „keinen“ falschen Ball im Wasserhindernis spielen. Spielen Sie einen falschen Ball erhalten Sie nach Regel 15-3 nun 2 Strafschläge. Sie müssen aber den Fehler durch das Spielen des „richtigen Balls“ beheben (sonst droht Disqualifikation).

Bewegliche Hemmnisse entfernen ☞ Sie dürfen straflos bewegliche Hemmnisse entfernen. Dies ist alles Künstliche wie Dosen, Flaschen, Tees etc. Auch Pfosten, die das Hindernis bezeichnen, dürfen straflos fortbewegt werden. Pfosten danach wieder zurückstecken, dies kann durch die Spielleitung sonst bestraft werden. Von unbeweglichen Hemmnissen gibt es keine Erleichterung.

Erleichterung in einem Wasserhindernis (frontal = gelb) ☞

Die Grenzen eines (frontalen) Wasserhindernisses sind gelb mit Pfosten oder Linien markiert. Ein Ball ist bereits „im“ Wasserhindernis, wenn er darin liegt oder es mit irgendeinem Teil berührt. Achten Sie auf den genauen Punkt, wo der Ball „zuletzt“ das Wasserhindernis gekreuzt hat. Sie können nun unter Hinzurechnung von 1 Strafschlag unter folgenden 2 Varianten wählen:

a) Einen Ball so nahe wie möglich der Stelle spielen, von der der letzte Schlag „außerhalb“ des Wasserhindernisses gespielt wurde.

b) Einen Ball in beliebiger Entfernung hinter dem Wasserhindernis fallen lassen, wobei der Punkt, an dem der ursprüngliche Ball zuletzt die Grenze des Wasserhindernisses gekreuzt hat, auf gerader Linie zwischen dem Loch und der Stelle, an der der Ball fallen gelassen wird, liegen muss.

Gedachte Linie zwischen dem Loch und jenem Punkt, an dem der Ball das Wasser zuletzt kreuzte.
Kreuzungspunkt Der Punkt, an dem der Ball das Wasser zuletzt kreuzte.
b) Der Ball kann vor diesem Punkt auf gerader Linie zwischen diesem Punkt und der Fahne fallen gelassen werden.
a) Stelle des ursprünglichen Schlags, der im Wasser landete.

Erleichterung in einem seitlichen Wasserhindernis (= rot) ☞

Achten Sie auf den genauen Punkt, wo der Ball „zuletzt“ das Wasserhindernis gekreuzt hat. Verläuft das Wasserhindernis in mehreren Linien und der Ball kreuzt das Wasserhindernis an mehreren Stellen, so ist die letzte Stelle der richtige Kreuzungspunkt. Sie können nun unter Hinzurechnung von 1 Strafschlag unter folgenden 4 Varianten wählen:

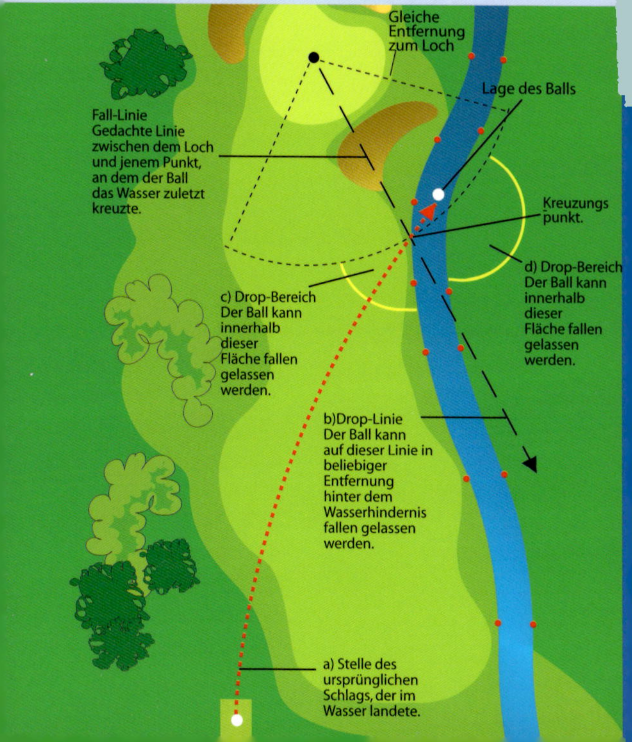

Gleiche Entfernung zum Loch
Lage des Balls
Fall-Linie Gedachte Linie zwischen dem Loch und jenem Punkt, an dem der Ball das Wasser zuletzt kreuzte.
Kreuzungs punkt.
d) Drop-Bereich Der Ball kann innerhalb dieser Fläche fallen gelassen werden.
c) Drop-Bereich Der Ball kann innerhalb dieser Fläche fallen gelassen werden.
b)Drop-Linie Der Ball kann auf dieser Linie in beliebiger Entfernung hinter dem Wasserhindernis fallen gelassen werden.
a) Stelle des ursprünglichen Schlags, der im Wasser landete.

a) Mit 1 Strafschlag einen Ball so nahe wie möglich der Stelle spielen, von der der letzte Schlag „außerhalb“ des Wasserhindernisses gespielt wurde. War dies der Abschlag, dürfen Sie den Ball von innerhalb des Abschlages spielen und aufteen (siehe R. 20-5).

b) Mit 1 Strafschlag einen Ball in beliebiger Entfernung hinter dem Wasserhindernis fallen lassen, wobei der Punkt, an dem der ursprüngliche Ball zuletzt die Grenze des Wasserhindernisses gekreuzt hat, auf gerader Linie zwischen dem Loch und der Stelle, an der der Ball fallen gelassen wird, liegen muss.

c) Sie können bei einem „seitlichen Wasserhindernis“ noch nach Regel 26-1c verfahren und (I) mit 1 Strafschlag außerhalb des seitlichen Wasserhindernisses einen Ball innerhalb von zwei Schlägerlängen, nicht näher zum Loch, von dem Punkt fallen lassen, an dem der ursprüngliche Ball zuletzt die Grenze des Wasserhindernisses gekreuzt hat,

d) oder einen Ball (II) mit 1 Strafschlag innerhalb von zwei Schlägerlängen, nicht näher zum Loch, an der gegenüberliegenden Grenze des Wasserhindernisses, gleich weit von Loch entfernt, von dem Punkt fallen lassen, an dem der ursprüngliche Ball zuletzt die Grenze des Wasserhindernisses gekreuzt hatte. Dies ist eine Variante, die, obwohl schwierig zu erklären und in die Praxis umzusetzen, bei seitlichen Wasserhindernissen „immer“ geprüft werden muss, denn sie kann eine erhebliche Erleichterung sein.

Zusätzlich bitte immer die Platzregeln beachten, ein Meer, ein breiter Fluss oder ein angrenzender See kann von der Spielleitung auch als Aus bezeichnet werden (Dec. 33-2a/11). Ein Wasserhindernis kann von der Spielleitung auch als „Biotop“ gekennzeichnet werden. Biotope müssen nicht zwingend Wasserhindernisse sein, sondern können auch als „Boden in Ausbesserung“ oder als „Aus“ gekennzeichnet sein. Oft gibt es auch eigene Drop-Zonen!

Was ist passiert? – Regelfälle und Lösungen

Ball auf Brücke über Wasserhindernis ☞ Da die Grenzen eines Wasserhindernisses nicht nur nach unten, sondern auch senkrecht nach oben verlaufen, befinden Sie sich auf einer Brücke „über“ einem Wasserhindernis, „im“ Wasserhindernis. ✋ Eine Brücke über einem Wasserhindernis ist aber ein unbewegliches „Hemmnis“. Sie dürfen daher (nach Anm. zu Regel 13-4) die Brücke jederzeit (einschließlich beim Ansprechen und beim Rückschwung) straflos berühren, da ein Hemmnis im Wasserhindernis kein „Boden“ im Hindernis ist (gilt auch für alles Angewachsene wie Gras, Busch oder Baum).

Eine Brücke gilt als Hemmnis!

Ball im Wasserhindernis ist spielbar, aber es ist eine Drop-Zone vorhanden ☞ In den Platzregeln kann die Spielleitung die Benutzung einer Drop-Zone erlauben oder vorschreiben. ✋ Beachten Sie dabei auch genau die Markierungen des Wasserhindernisses. Sind rote oder gelbe Pfosten zusätzlich oben auch noch grün markiert, handelt es sich nach den Regeln zwar um ein Wasserhindernis, aber das Hindernis ist nach den Platzregeln noch zusätzlich als geschütztes Biotop ausgewiesen – „Spielen und Betreten verboten“.

Ball flog über das Wasserhindernis und rollt zurück in das Hindernis ☞ Sie können nun unter Hinzurechnung 1 Strafschlags folgende Verfahrensweisen anwenden:

a) Einen Ball so nahe wie möglich der Stelle spielen, von der der letzte Schlag gespielt wurde (Regel 26-1a).

b) Einen Ball in beliebiger Entfernung hinter dem Wasserhindernis fallen lassen, wobei der Punkt, an dem der ursprüngliche Ball zuletzt die Grenze des Wasserhindernisses gekreuzt hat (auf der zum Grün liegenden Seite), auf gerader Linie zwischen dem Loch und der Stelle, an der der Ball fallen gelassen wird, liegen muss (Regel 26-1b) . Das würde bedeuten, dass Sie mit Ihrem nächsten Schlag das Wasserhindernis mit einer kürzeren Distanz überqueren können.

Ball im Wasserhindernis gespielt und kommt von außerhalb im gleichen wieder zur Ruhe ☞ Der Schlag zählt, Sie können jedoch weiterhin unter Hinzurechnung von 1 Strafschlag nach Regel 26 für Wasserhindernisse verfahren.

Ball im Wasserhindernis gespielt, kommt aber in demselben Hindernis wieder zum Liegen ☞ Der Schlag zählt, Sie können jedoch weiterhin unter Hinzurechnung von 1 Strafschlag nach Regel 26 für Wasserhindernisse verfahren. Beachten Sie, dass Sie auch einen Ball so nahe wie möglich der Stelle spielen können, von der „der letzte Schlag außerhalb“ des Wasserhindernisses gespielt wurde.

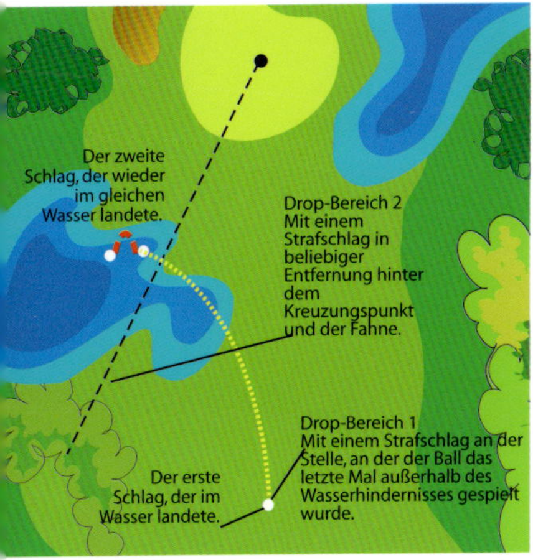
Der zweite Schlag, der wieder im gleichen Wasser landete.
Drop-Bereich 2 Mit einem Strafschlag in beliebiger Entfernung hinter dem Kreuzungspunkt und der Fahne.
Drop-Bereich 1 Mit einem Strafschlag an der Stelle, an der der Ball das letzte Mal außerhalb des Wasserhindernisses gespielt wurde.
Der erste Schlag, der im Wasser landete.

Wasser im Wasserhindernis nicht vorhanden ☞ Es ist irrelevant, ob sich Wasser in einem Hindernis befindet oder nicht. Ist ein Bereich des Platzes als Wasserhindernis oder als seitliches Wasserhindernis gekennzeichnet, muss es auch als solches nach den Regeln behandelt werden.

Wasserhindernis ist überflutet ☞ Der überflutete Teil des Wasserhindernisses, also der Teil, der über die Markierungen des Wasserhindernisses hinausläuft, gilt als zeitweiliges Wasser und Sie können straflose Erleichterung in Anspruch nehmen. ✋ Ist im Zweifelsfall nicht genau nachvollziehbar, ob Ihr Ball „im" Wasserhindernis oder „außerhalb des Wasserhindernisses, aber im „zeitweiligen" Wasser (dem überfluteten Bereich) verloren gegangen ist, so müssen Sie hier nach „Billigkeit" entscheiden (Regel 1-4) und nach der Wasserhindernis-Regel verfahren (Dec. 1-4/7).

Überflutet gilt als „zeitweiliges" Wasser

Ball von hinter dem Grün in ein Wasserhindernis vor dem Grün zurückgespielt ☞ Allein bei dem Gedanken zuckt ein Golfer schon zusammen, aber es passiert! Es gäbe wohl kaum einen Mitspieler, der Sie hier nicht bemitleiden würde, denn die meisten sind nun der Meinung, dass Sie nur nach Regel 26-1b verfahren können und wieder zur Abschlagsseite des Hindernisses zurück müssten, um das Wasserhindernis erneut zu überqueren. ✋ Aber Sie haben nach Regel 26-1a, unter Hinzurechnung von 1 Strafschlag einen Ball so nahe wie möglich „der" Stelle spielen können, von der der ursprüngliche Ball zuletzt gespielt wurde. Dies trifft sogar zu, wenn Ihnen dieses Missgeschick durch einen zu starken Putt auf dem Grün passiert ist. Auf dem Grün müssten Sie nach Regel 20-5c nur den Ball „hinlegen" und nicht wie auf dem Vorgrün oder sonst wo im Gelände „fallen lassen".

Checkliste vor dem Schlag auf dem Grün

Lage bewerten ☞ Ein Ball liegt bereits auf dem Grün, wenn er das Grün mit irgendeinem Teil berührt. Liegt der Ball auf dem Vorgrün können Sie den Flaggenstock im Loch stecken lassen, liegt der Ball auf dem Grün, muss der Flaggenstock bedient werden. Treffen Sie den Flaggenstock nach einem Schlag auf dem Grün, erhalten Sie 2 Strafschläge.

Ball identifizieren ☞ Identifizieren Sie Ihren Ball. Sie dürfen den Ball auf dem Grün aufheben. „Bevor" Sie den Ball aufnehmen, müssen Sie die Lage des Balls markieren. Sie dürfen den Ball reinigen! Versäumen Sie zu markieren, erhalten Sie 1 Strafschlag. Haben Sie markiert und legen Ihren Ball nicht exakt an die ursprüngliche Stelle zurück, erhalten Sie 2 Strafschläge. Bemerken Sie, dass Sie mit einem falschen Ball gespielt haben, müssen Sie an die Stelle zurückgehen, an der die Verwechslung begonnen hat und von da einen Ball spielen. Die bisherigen Schläge mit dem falschen Ball zählen nicht. Lag die Verwechslung in einem Hindernis, so erhalten Sie ebenfalls 2 Strafschläge.

Lage nicht beeinflussen ☞ Sie dürfen nichts tun, um die Lage des Balls zu beeinflussen, auch nicht beim Fortbewegen von losen hinderlichen Naturstoffen. Bewegt sich Ihr Ball, erhalten Sie 1 Strafschlag. Legen Sie den Ball nicht an die ursprüngliche Stelle zurück, erhalten Sie 2 Strafschläge.

Spielreihenfolge einhalten ☞ Der am weitesten vom Loch entfernte Ball ist zuerst zu spielen. Liegen zwei oder mehr Bälle gleich weit vom Loch entfernt, sollten Sie sich mit Ihrem Mitbewerber aktiv abstimmen, um das Spiel nicht unnötig zu verzögern.

Nicht auf Puttlinien treten ☞ Halten Sie die Etikette ein und treten nicht auf Puttlinien, weder auf Ihre eigene, noch auf fremde.

Die Rechte des Spielers auf dem Grün

Bewegliche Hemmnisse entfernen ☞ Sie dürfen straflos bewegliche Hemmnisse entfernen. Hemmnisse sind alles Künstliche wie Dosen, Flaschen, Tees etc.

Erleichterung von Boden in Ausbesserung ☞ Kommt Ihr Ball darin zum Liegen, können Sie straflose Erleichterung nach Regel 25 in Anspruch nehmen (siehe „Was ist passiert").

Erleichterung von zeitweiligem Wasser/ungewöhnlich beschaffenem Boden ☞ Kommt Ihr Ball darin zum Liegen oder ist Ihr Stand dadurch behindert, können Sie straflose Erleichterung nach Regel 25 in Anspruch nehmen (siehe „Was ist passiert").

Lose hinderliche Naturstoffe entfernen ☞ Lose Zweige oder Äste, wie auch Laub, Steine, Kot, Würmer oder Insekten sind „lose hinderliche Naturstoffe" und dürfen straflos wegbewegt werden (Tau und Reif gehören nicht dazu). Sie dürfen auch straflos Sand und loses Erdreich aufnehmen oder mit der Hand oder einem Gegenstand wegfegen (ohne die Oberfläche zu prüfen oder Unebenheiten zu beseitigen, sonst drohen nach Regel 16-1a 2 Strafschläge).

Lochpropfen oder Balleinschlaglöcher ausbessern ☞ Sie sollen nicht nur Ihre eigenen Pitchmarken ausbessern, sondern dürfen auch alte Pitchmarken ausbessern.

Schläger beim Ansprechen vor den Ball stellen ☞ Solange Sie nichts niederdrücken, dürfen Sie den Schläger „beim Ansprechen des Balls" auch vor den Ball, also auf die Puttlinie stellen.

Schläger oder Stand durch Partner oder Caddie „vor" dem Schlag ausrichten lassen. ☞ Nur beim Spielen des Schlags darf Ihr Caddie oder Ihr Partner „nicht" auf oder dicht an einer Verlängerung der Puttlinie hinter dem Ball Position beziehen. Beim Spielen des Schlags wären dies 2 Strafschläge nach Regel 14-2.

Was ist passiert? – Regelfälle und Lösungen

Ball liegt in seinem eigenen Einschlagloch auf dem Grün ☞ Ist ein Ball auf dem Grün in sein eigenes Einschlagloch eingebettet, dürfen Sie den Ball, nachdem Sie ihn markiert haben, aufnehmen und den Schaden des Einschlags des Balls (Pitchmarke) ausbessern. Wird der Ballmarker versehentlich bei einer solchen Ausbesserung bewegt, so muss er zurückgelegt werden (straflos).

Ball im eigenen Einschlagloch

Ball liegt in seinem eigenen Einschlagloch auf dem Vorgrün ☞ Sie dürfen nicht nach Regel 16-1b verfahren, also Ihren Ball „nicht" aufnehmen und reinigen. Allerdings haben Sie nach Regel 25-2, „eingebetteter Ball", im Gelände auf irgendeiner „kurz gemähten Fläche" das Recht, einen in sein eigenes Einschlagloch im Boden eingebetteten Ball straflos aufzunehmen, diesen Ball zu reinigen und straflos so nahe wie möglich der Stelle, an der er lag, jedoch nicht näher zum Loch, fallen zu lassen.

Laub und Geäst liegen auf dem Ball ☞ Nach Regel 23-1 dürfen Sie jederzeit (sofern kein Ball in Bewegung ist) auf dem Grün lose hinderliche Naturstoffe entfernen, berühren oder bewegen. Wird beim Entfernen von losen hinderlichen Naturstoffen der Ball bewegt, so ist dies straflos, sofern das Bewegen auf diese Handlung zurückzuführen ist. Der Ball oder der Ballmarker muss in seine ursprüngliche Position zurückgelegt werden.

Ball liegt auf dem Grün in zeitweiligem Wasser oder „Boden in Ausbesserung" ☞ Nach Regel 25-1b (III) können Sie auf dem Grün von ungewöhnlich beschaffenem Boden (zeitweiliges Wasser) straflose Erleichterung in Anspruch nehmen, wenn Ihr Ball darin zum Liegen gekommen ist oder wenn Ihre Standposition beeinträchtigt ist. Sie können den Ball aufnehmen und ihn straflos am nächstgelegenen Punkt der Erleichterung, der sich nicht in einem Hindernis befindet, nicht näher zum Loch, hinlegen. Diese Stelle des „nächstgelegenen Punktes der Erleichterung“ kann auch außerhalb des Grüns liegen und ist dem „nächstgelegenen Punkt der Erleichterung auf dem Grün“ vorzuziehen. Sie haben aber nicht Anspruch auf vollständige Erleichterung, sondern müssen dann den Ball an die Stelle legen, die der ursprünglichen Stelle am nächsten gelegen ist und die größte erzielbare Erleichterung von dem Umstand bietet, jedoch nicht näher zum Loch und nicht in einem Hindernis liegt, sich aber auch außerhalb des Grüns befinden kann. Wenn dieser Punkt „im Gelände“ ist, muss in diesem Fall der Ball auch hingelegt und nicht fallengelassen werden.

Anspruch auf Erleichterung, aber nicht immer vollständig

Zeitweiliges Wasser auf der Puttlinie ☞ Auch wenn auf dem Grün Ihre Puttlinie durch zeitweiliges Wasser beeinträchtigt wird, haben Sie nach Regel 25-1b (III) auf dem Grün das Recht, von ungewöhnlich beschaffenem Boden (zeitweiliges Wasser) straflose Erleichterung in Anspruch zu nehmen.

Ball in Bewegung durch Ballmarker abgelenkt ☞ Jeder kleine Gegenstand, wie eine Münze, ein Tee, wenn er benutzt wurde, um die Lage eines Balls zu kennzeichnen, gilt „nicht“ als Ausrüstung. Aus diesem Grund handelt es sich um einen „Spielzufall“, wenn ein Ball durch einen Ballmarker abgelenkt wurde. Es gibt keine Strafe für den Spieler des Balls und der Ball muss so gespielt werden, wie er liegt.

Ball trifft Flaggenstock im Loch ☞ Nach Regel 17-3 dürfen Sie einen unbedienten Flaggenstock im Loch nur treffen, wenn Sie einen Schlag von außerhalb des Grüns machen. Spielen Sie allerdings Ihren Ball vom Grün und Sie treffen einen unbedienten Flaggenstock, so erhalten Sie nach Regel 17-3 2 Strafschläge.

Ball trifft am Boden liegenden Flaggenstock ☞ Treffen Sie mit Ihrem Schlag auf dem Grün den Flaggenstock, ist es unerheblich, ob der Flaggenstock noch im Loch steckt, von jemandem mit Ihrer Ermächtigung bedient wird oder am Boden abgelegt ist und auch wo der Flaggenstock abgelegt wurde. In allen Fällen erhalten Sie nach Regel 17-3 zwei Strafschläge.

Ball trifft anderen Ball auf dem Grün ☞ Wird nach Regel 18-5 ein „in Ruhe befindlicher" Ball im Spiel durch einen anderen Ball bewegt, der nach einem Schlag in Bewegung ist, so muss der bewegte Ball straflos zurückgelegt werden. Der Ball, der „den Ball in Ruhe" bewegt hat, muss nach Regel 19-5 straflos gespielt werden, wie er liegt. Dies trifft allerdings nur dann zu, wenn der gespielte Ball von außerhalb des Grüns gespielt wurde. Lagen beide Bälle (gespielter Ball und getroffener Ball) bereits auf dem Grün, so erhält der Spieler, der den Ball gespielt und damit den anderen Ball getroffen hat 2 Strafschläge.

Wann ist ein Flaggenstock „bedient" ☞ Ein Flaggenstock, der sich zwar im Loch befindet, gilt aber bereits als „bedient", wenn jemand in seiner Nähe steht, während ein Schlag gemacht wird. Wird ein Flaggenstock vor Ihrem Schlag von jemandem bedient und Sie nehmen davon Kenntnis, ohne einen Einwand zu erheben, so gilt diese Bedienung des Flaggenstocks als mit Ihrer Ermächtigung geschehen.

Flaggenstock falsch bedient ☞ Die Person, die für Sie den Flaggenstock bedient, trägt eine hohe Verantwortung. Macht die Person einen Fehler und zieht den Flaggenstock nicht rechtzeitig aus dem Loch, so dass Ihr Ball den Flaggenstock trifft oder tritt die Person nicht rechtzeitig zur Seite, um Ihrem Ball auszuweichen, so haben Sie den Schaden und ziehen sich 2 Strafschläge zu Ihrem Score zu. Die bedienende Person wird für ihre Verschlafenheit nicht bestraft. Geschieht dies allerdings „absichtlich“, wird der Bediener disqualifiziert (Dec. 17-3/2).

Der Flaggenstock gilt so bereits als bedient!

Nächster Schlag wird als eingelocht geschenkt ☞ Wenn Ihnen in einem vorgabewirksamen Zählspiel ein Mitbewerber am Grün den letzten sicheren Schlag schenken will, lehnen Sie dies freundlich ab, Sie riskieren eine Disqualifikation. In einer Privatrunde wäre dies allerdings unhöflich, denn eigentlich ist es eine absolut häufig anzutreffende Geste unter Spielern. Regel 2-4 „Schenken von nächstem Schlag“ gilt nur im Lochspiel!

Schutz gegen die Elemente ☞ Nach Regel 14-2 dürfen Sie keinen Schutz gegen die Elemente wie Sonne, Regen oder Wind „annehmen“. Wenn Sie also bei Regen spielen und sich beim Putten mit einem Schirm schützen möchten, müssen Sie dies selbst tun.

Schirm selbst halten ist erlaubt!

Ball im Aus

Wann ist der Ball im Aus ☞ Die Erklärung zu „Aus" besagt deutlich, „ein Ball ist im Aus, wenn er vollständig im Aus liegt". ✋ Daher müssen Sie manchmal zusammen mit Ihrem Zähler/Mitbewerber die Lage genau betrachten und die Erklärung, was das Aus bezeichnet und wo Aus beginnt, mit zu Rate ziehen. Ein Ball ist bekanntlich relativ klein, in den meisten Fällen mit einem kleineren Durchmesser als mancher Auspfosten. ✋ Hat die Spielleitung zur Markierung von Aus nur Pfosten eingesetzt, verläuft die imaginäre Auslinie genau von Pfosten zu Pfosten auf der Bodenebene entlang der zum Platz gerichteten vordersten Punkte der Pfosten. Ist also ein Ball vollständig hinter der Linie entlang der vordersten Punkte der Pfosten, aber noch nicht über die Linie entlang der hintersten Punkte der Pfosten, so ist der Ball im Aus! ✋ Wird Aus von der Spielleitung in Form einer Bodenlinie bezeichnet, so liegt die Linie selbst im Aus. Auch hier gilt als Messpunkt der zum Platz gerichtete vorderste Punkt der Linie als Auslinie.

Auspflöcke nie bewegen!

Was tun, wenn der Ball im Aus ist ☞ Liegt nun Ihr Ball im Aus und Sie haben einen provisorischen Ball gespielt, so wird dieser automatisch mit 1 Strafschlag zum Ball im Spiel. Haben Sie keinen provisorischen Ball gespielt, so müssen Sie nach Regel 27-1 einen Ball mit 1 Strafschlag so nahe wie möglich der Stelle spielen, von der Sie den ursprünglichen Ball zuletzt gespielt hatten. Das

1. Schlag ins Aus zählt.
+ 1 Strafschlag
+ erneuter Schlag
= 3 Schläge

genaue Verfahren dazu wird in Regel 20-5 bezeichnet:

a) Auf dem Abschlag dürfen Sie einen Ball irgendwo innerhalb des Abschlags „aufsetzen" (auch auf ein Tee).

b) Im Gelände und Hindernis müssen Sie den Ball so nah wie möglich an der Stelle, wo Sie ihn zuletzt gespielt hatten, „fallen lassen".

c) Auf dem Grün „muss" der Ball so nahe wie möglich an die Stelle „hingelegt" werden, wo Sie ihn zuletzt gespielt hatten.

Sie sind nicht sicher, ob der Ball im Aus ist? Dann schlagen Sie einen „provisorischen Ball". Diesen Ball müssen Sie allerdings spielen, bevor Sie nach vorne gehen, um nach dem ursprünglichen Ball zu suchen und Sie müssen ihn „ankündigen". Tun Sie dies nicht, wird der Ball mit 1 Strafschlag zum neuen Ball im Spiel.

Wenn Sie bereits nach vorne gegangen sind und zurückgehen um einen Ball zu spielen, ist dies „kein provisorischer Ball" mehr. Dieser Ball wird mit 1 Strafschlag zum neuen Ball im Spiel.

Haben Sie einen „provisorischen Ball" so gut auf dem Fairway platziert, dass Sie den alten Ball aufgeben möchten? Suchen Sie einfach nicht und hoffen, dass Ihre Mitspieler Ihren ersten Ball nicht finden. Wird er gefunden, haben Sie keine Wahlmöglichkeit! Siehe auch „Was ist passiert" Register Fairway.

Ball suchen

Wie lange kann man suchen? ☞ Ein Ball gilt als „verloren", wenn er binnen 5 Minuten, nachdem „die Partei des Spielers" oder deren Caddies die Suche danach begonnen haben, nicht gefunden wird.

Können andere für einen suchen? ☞ Jeder kann bei der Suche helfen, nur Identifizieren muss der Spieler den Ball selber.

Ball wird beim Suchen bewegt ☞ Bewegen Sie den Ball beim Suchen so erhalten Sie 1 Strafschlag und müssen den Ball zurücklegen. 💣 Legen Sie den Ball nicht zurück, erhalten Sie 2 Strafschläge. ✋ Straffrei ist es, wenn Sie Ihren Ball in zeitweiligem Wasser oder in Boden in Ausbesserung beim Suchen bewegen. ✋ Wird der Ball beim Suchen durch Ihren Mitbewerber bewegt, ist dies ebenso straffrei. Der Ball muss zurückgelegt werden.

Ball wird gefunden ist aber unspielbar ☞ Wenn Ihr Ball innerhalb von 5 Minuten gefunden wird, haben Sie keine Wahlmöglichkeit. Sie dürfen den „provisorischen Ball" nicht spielen! 💣 Machen Sie einen Schlag nach dem provisorischen Ball, erhalten Sie 2 Strafschläge und müssen Ihren ursprünglichen Ball spielen.

Ball wird nach 5 Minuten gefunden ☞ Die Suchzeit war abgelaufen, also gilt der Ball als verloren. 💣 Wird der Ball dennoch gespielt, wird ein „falscher Ball" gespielt. Der Spieler erhält 2 Strafschläge und muss seinen Fehler korrigieren, tut er dies nicht wird er disqualifiziert.

Ball wird innerhalb von 5 Minuten gefunden, der Spieler ist aber schon auf dem Rückweg ☞ Wird ein Ball innerhalb von 5 Minuten, nachdem die Suche nach ihm begonnen hatte, gefunden, steht dem Spieler genügend Zeit zu, die Fundstelle zu erreichen und den Ball zu identifizieren. Identifiziert er den Ball als den seinen, so ist es „kein verlorener Ball", obwohl die Suchzeit bereits verstrichen war (Dec. 27/5.5).

Ball bewegt

Ruhender Ball durch Spieler oder seine Ausrüstung ☞ Haben Sie, Ihr Partner oder Ihre Caddies verursacht, dass sich der Ball bewegt, erhalten Sie als Spieler 1 Strafschlag und der Ball muss zurückgelegt werden. ✋ Keine Strafe erhalten Sie, wenn sich der Ball bewegt: **a)** auf dem Grün beim Markieren oder Entfernen von losen hinderlichen Naturstoffen, **b)** beim Entfernen von „beweglichen Hemmnissen“, also allem Künstlichen, **c)** beim Suchen in „ungewöhnlich beschaffenem Boden“ wie zeitweiligem Wasser oder „Boden in Ausbesserung“ oder **d)** beim Suchen eines unter losen Naturstoffen oder Sand verborgenen Balls in einem Hindernis.

Ball auf Grün beim Nachmessen bewegt = straflos, Ball zurücklegen!

Ball auf Grün beim Markieren bewegt = straflos, Ball/Markierung zurücklegen!

Beim Entfernen von losen hinderlichen Naturstoffen straflos nur auf dem Grün, sonst 1 Strafschlag. Ball immer zurücklegen!

Ruhender Ball durch nicht zum Spiel gehöriges ☞ Der Ball muss ohne Strafe zurückgelegt werden (Regel 18-1). ✋ Nicht zum Spiel gehörig ist alles, was nicht zur Partei des Spielers gehört, also Mitbewerber, Zuschauer, Platzrichter, Platzarbeiter, Tiere etc.

Ruhender Ball durch anderen Ball ☞ Der „bewegte“ Ball muss ohne Strafe zurückgelegt werden (Regel 18-5). Der andere Ball, der in Bewegung war, muss gespielt werden, wie er liegt. Lagen beide Bälle vor dem Schlag auf dem Grün, erhält der Spieler des Balls, der die Bewegung verursacht hat, 2 Strafschläge!

Ball in Bewegung trifft Spieler oder seine Ausrüstung ☞ Wird Ihr Ball durch Sie selbst, durch Ihren Partner, einen Ihrer Caddies oder Ihre Ausrüstung abgelenkt oder aufgehalten, so ziehen Sie sich 1 Strafschlag zu. Der Ball muss gespielt werden, wie er liegt.

Entscheidend ist, „welche" Ausrüstung getroffen wurde.

✋ Trifft Ihr Ball einen Mitbewerber, dessen Ausrüstung oder dessen Caddie, so ist dies Spielzufall und damit straflos. Sie müssen den Ball spielen, wir er liegt.

Ball in Bewegung trifft nicht zum Spiel gehöriges ☞ Dies ist Spielzufall, der Ball muss nach Regel 19-1 straflos gespielt werden, wie er liegt. Nicht zum Spiel gehörig ist „alles", was nicht zu Ihnen oder Ihrer Partei gehört, also Mitbewerber, Schilder, Papierkörbe, Bäume etc. ✋ War der Ball vor dem Schlag auf dem Grün, muss der Ball straflos zurückgelegt werden und der Schlag ist zu wiederholen.

Spielzufall – Ball spielen, wie er liegt!

Ball in Bewegung trifft Flaggenstock ☞ Spielen Sie den Ball von außerhalb des Grüns und der Flaggenstock wird nicht bedient, ist dies straflos. Der Ball muss gespielt werden, wie er liegt. 💣 Wurde aber der Flaggenstock bedient, erhalten Sie 2 Strafschläge. 💣 Bei einem Schlag vom Grün aus erhalten Sie immer 2 Strafschläge.

Ball in Bewegung trifft anderen ruhenden Ball ☞ Der Ball muss gespielt werden, wie er liegt. Der „bewegte" Ball ist zurückzulegen (Regel 19-5). 💣 Lagen beide Bälle vor dem Schlag auf dem Grün, erhält der Spieler 2 Strafschläge!

Richtig droppen

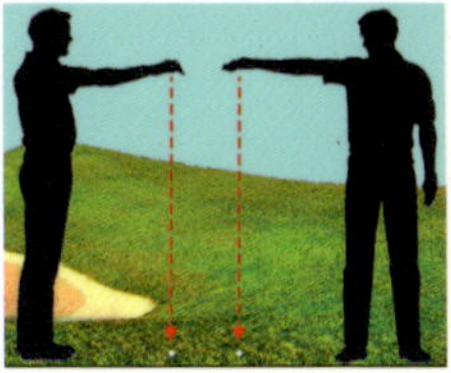

Wenn Sie einen Ball droppen, müssen Sie dabei aufrecht stehen und den Ball in Schulterhöhe mit ausgestrecktem Arm, nicht näher zum Loch, fallen lassen. Unterläuft Ihnen ein Fehler, müssen Sie den Ball erneut fallen lassen. Korrigieren Sie Ihren Fehler nicht, erhalten Sie 1 Strafschlag.

Erneut droppen ☞ Nach Regel 20-2 muss der Ball bei folgenden Fällen straflos erneut fallen gelassen werden.

1. Ball rollt in ein Hindernis und kommt darin zur Ruhe.
2. Ball rollt aus dem Hindernis heraus, und kommt außerhalb zur Ruhe.
3. Ball rollt näher zum Loch als seine ursprüngliche Lage.
4. Ball rollt weiter weg als 2 Schlägerlängen vom ersten Auftreffen.
5. Ball rollt auf ein Grün und kommt auf dem Grün zur Ruhe.
6. Ball rollt ins Aus und kommt im Aus zur Ruhe.
7. Ball rollt zurück in die Behinderung, von der Erleichterung in Anspruch genommen wurde.
8. Ball trifft Spieler oder seine Ausrüstung.

Korrigieren Sie dies nicht, erhalten Sie 2 Strafschläge.

Rollt nach dem zweimaligen Fallenlassen (Droppen) eines Balls der Ball in die gleiche Lage wie bei den Fällen 1-7, so muss er so nahe wie möglich hingelegt werden, wo er das erste Mal auftraf.

1.
2.
3.
4.
5.
6.
In allen diesen Fällen ist der Ball straflos erneut fallen zu lassen

Checkliste vor dem Turnier

Ausrüstung ☞

- Sie dürfen nicht mehr als 14 Schläger dabei haben!
- Ist Ihr Driver nach den neuen Regeln ab 2008 noch zulässig?
- Haben Sie genügend Bälle dabei?
- Verwenden Sie die richtigen Spikes für den Club?
- Haben Sie Ihre Pitchgabel dabei?
- Ist Ihr Ballmarker griffbereit?
- Haben Sie ausreichend Tees für die 18 Abschläge inkl. evtl. einiger provisorischer Bälle im Bag?
- Sind Sie auf mögliche Witterungseinbrüche vorbereitet?

Im Sekretariat ☞

- Ist Ihre Spielvorgabe korrekt angegeben? Wenn nicht, melden Sie dies sofort oder spätestens, bevor Sie die Zählkarte abgeben.
- An welchem Tee schlagen Sie ab? Wissen Sie den kürzesten Weg dahin?
- Wenn Sie noch auf die Range wollen, fragen Sie gleich im Sekretariat, ob Sie für den Ballautomat Münzen oder „Tokens" brauchen.

Ausschreibung und Platzregeln ☞

- Kennen Sie die Spielform des Turniers, die Platzregeln und auch die Pin-Positionen (wo stecken die Fahnen: hinten, vorne, links, rechts?) Fragen Sie im Sekretariat oder sehen an den Aushang.
- Achten Sie darauf, am richtigen Abschlag abzuschlagen. Die Spielleitung kann für das Turnier auch an anderen Abschlägen abschlagen lassen.

Erscheinen Sie pünktlich zu Ihrer Startzeit ☞

- Sie sollten mind. 5 Minuten vor Ihrer Abspielzeit am Abschlag sein.
- Wenn Sie nicht zu Ihrer Startzeit am Abschlag spielbereit eintreffen, werden Sie disqualifiziert.

Stableford

Ein Wettspiel nach Stableford (Regel 32-1b) ist eine Variante des Zählspiels (alle Regeln des Zählspiels sind hier zu beachten). Im Stableford-Wettspiel werden nicht alle Schläge gezählt, sondern jedes Loch nach Punkten gerechnet, die im Verhältnis zum Par an jedem Loch erzielt wurden.

Vorteil gegenüber dem Zählspiel nach Regel 3 ist, dass es sich um eine Positiv-Wertung handelt, Sie können nur Punkte sammeln. An einem schlecht gespielten Loch heben Sie einfach Ihren Ball auf und „streichen" das Loch = 0 Punkte.

Wie zählt man Stableford? ☞ Es gibt eine Bruttowertung (Bruttopunkte) und eine Nettowertung (Nettopunkte). Ohne das Vorgabensystem (wie bei den Pros) gäbe es nur eine Bruttowertung. Da für das Vorgabesystem die Nettowertung ausschlaggebend ist, wird die Punkteverteilung auch nach Nettoergebnissen, also nach der Schlagzahl abzüglich Ihrer Vorgabe für das einzelne Loch errechnet:

2 Schläge über Par	➤	0 Punkte
1 Schlag über Par	➤	1 Punkt
Par	➤	2 Punkte
1 Schlag unter Par	➤	3 Punkte
2 Schläge unter Par	➤	4 Punkte
3 Schläge unter Par	➤	5 Punkte

Ball rechtzeitig aufnehmen ☞ Das Zählspiel nach Stableford dient in der täglichen Turnierpraxis vor allem der Beschleunigung eines Turniers. Daher sollten Sie, wenn Sie an einem Loch keinen Punkt mehr erzielen können, Ihren Ball aufnehmen und das Loch streichen. Das gilt natürlich auch für die Privatrunde!

Klassischer Vierer

Hier spielen zwei Spieler zusammen abwechselnd nur einen Ball. Die Reihenfolge wird auch durch eventuelle Strafschläge nicht beeinflusst. Vor dem ersten Abschlag muss festgelegt werden, welcher

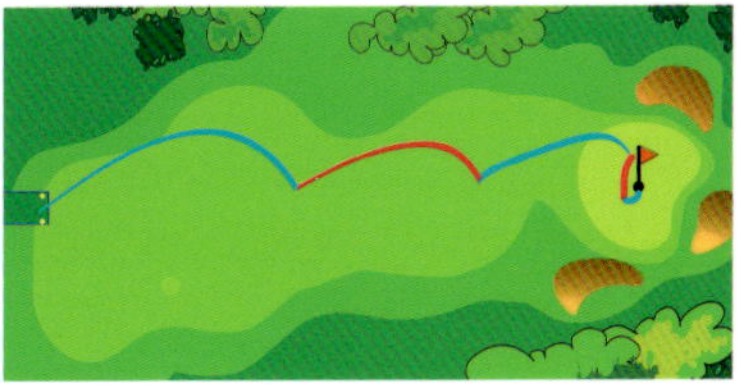

Spieler an den geraden (L. 1, 3, 5,...) und welcher an den ungeraden Löchern (L. 2, 4, 6,...) abschlägt. Die Reihenfolge bleibt bis zum Ende des Spiels unverändert, dabei ist es irrrelevant, welcher Spieler am letzten Loch eingelocht hat. Die Vorgabe errechnet sich aus der Hälfte der addierten Vorgaben beider Partner. Der klassische Vierer ist vor allem beim Bespielen des eigenen Platzes reizvoll, da man oft von Stellen spielen muss, an denen man normal nicht mit seinem eigenen Ball zum Liegen kommt. Zudem ist er ein sehr schnelles Spiel.

Vierer mit Auswahldrive

Dies ist eine Variante des klassischen Vierers, die oft auch „Vierer mit Auswahltreibschlag" genannt wird. Statt von jedem Abschlag aus „abwechselnd" zu spielen, schlagen beide Spieler vom Abschlag ab und entscheiden erst danach, welcher Ball abwechselnd weitergespielt wird. Die Reihenfolge wird dann auch durch Strafschläge nicht mehr beeinflusst. Wenn beide Spieler vom Abschlag ins Aus gespielt haben, kann

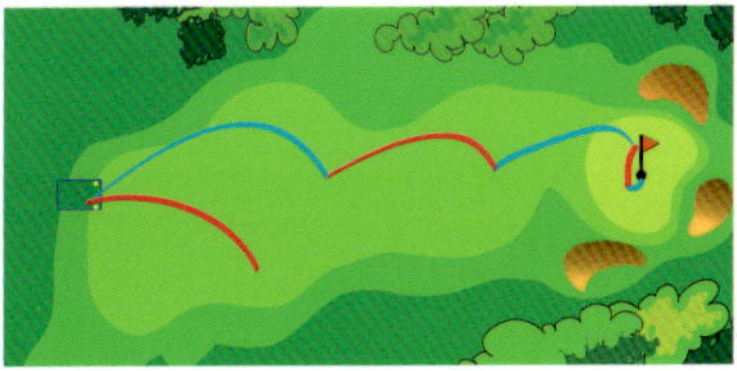

nur einer einen Ball mit einem Strafschlag ins Spiel bringen. Auch kann nur ein Ball als „provisorischer Ball" gespielt werden.

Die Vorgabe errechnet sich „nicht“ wie beim klassischen Vierer in einer Halbierung der addierten Vorgaben, sondern durch die Addition von 0,6 der höheren und 0,4 der niedrigeren Vorgabe, da in der Regel häufiger die Abschläge des besseren Spielers verwendet werden.

Es gibt auch Varianten, wo jeder Spieler maximal nur an der Hälfte der Löcher abschlagen darf. Dies hat den taktischen Anspruch, auch einmal einen schlechteren Abschlag zu verwenden, um sich Abschläge von guten Spielern für schwere Löcher aufzusparen oder im Zweifelsfall nicht auf den letzen Löchern gezwungenermaßen auf die Abschläge des schlechteren Spielers angewiesen zu sein, da der bessere Spieler seine Abschläge schon „verbraucht“ hat.

Chapman-Vierer

Wie beim Vierer mit Auswahldrive schlagen beide Spieler vom Abschlag ab. Statt sich aber schon beim zweiten Schlag für einen der beiden Bälle zu entscheiden, schlagen die Spieler beim zweiten Schlag den Ball des Partners, also über Kreuz. Erst nach diesem zweiten Schlag wird einer der beiden Bälle ausgewählt und wie beim „Auswahldrive“ abwechselnd weitergespielt. Da nach zwei Schlägen jeder Spieler zweimal einen Ball geschlagen hat und keine wesentlichen Vorteile daraus entstehen, errechnet sich, wie beim klassischen Vierer, die Vorgabe aus der Hälfte der addierten Vorgaben beider Partner.

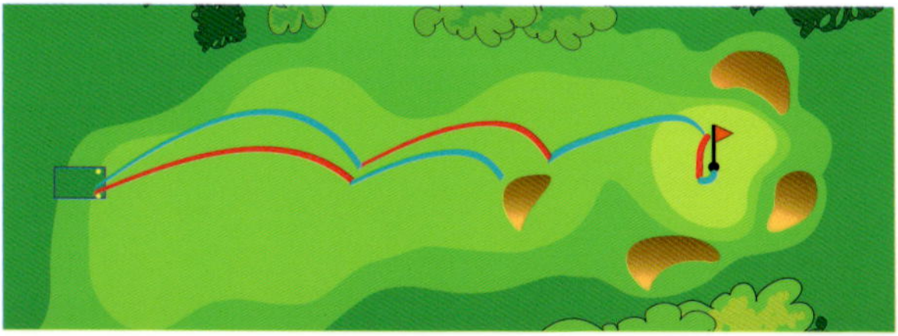

Scramble

Alle Scramble-Varianten sind gesellige und schnelle Spielformen, die allen Spaß bereiten können. Bei einem Scramble werden drei, vier oder manchmal auch fünf Spieler zusammen gewertet. Alle Spieler spielen zusammen von einem Abschlag und suchen sich danach den besten oder den „strategisch" besten Ball aus, um von dieser Stelle aus weiterzuspielen. In der Regel muss der Spieler, dessen Ball ausgesucht wurde, bei diesem Schlag aussetzen. Je nach Ausschreibung wird die Stelle markiert und die anderen Spieler droppen den Ball innerhalb einer Schlägerlänge oder

legen den Ball innerhalb einer Scorekartenlänge. Pro Loch gibt es unabhängig von der Anzahl der Spieler pro Team nur ein Ergebnis.

Vierball

Dieses Spiel wird oft auch (fälschlicherweise) „Vierball-Bestball" genannt. Zwei Spieler bilden ein Team, wobei jeder vom Abschlag bis zum Loch seinen eigenen Ball spielt. Am Ende wird pro Loch nur das beste Ergebnis (sowohl Brutto wie Netto) gewertet. Da im Team beide Spieler voneinander profitieren

können und auch kein Zwang besteht, wieviele Löcher von wem gewertet werden müssen, wird bei der Berechnung der gemeinsamen Vorgabe nur 3/4 der Vorgabe jedes Spielers auf die Löcher verteilt.